실천 십계명

실천
십계명

이병우 엮음

화담출판사

시작하라,
실천이 답이다

자기관리에서 실천이 중요하다는 사실은 누구나 잘 알고 있다. 그럼에도 불구하고 대부분의 사람은 현실적으로 실천하지 못한다. 왜 그런가?

생각 같아서는 워런 버핏 혹은 빌 게이츠처럼 부를 이룰 수 있을 듯하지만, 현실에서는 '무엇부터 시작해야 하는가?'에 막혀 정작 첫걸음도 떼지 못한다. 이는 근본적으로 단호한 실천 의지가 부족하기 때문이다.

정밀한 분석과 주도면밀한 계획이 있을지라도 실천이 뒷받침되지 않으면 모든 것은 무의미해진다. 요컨대 모든 일에서 기본적으로 전제되어야 할 것, 지금 우리 자신에게 절실히 필요한 것은 바로 실천이다. 이를 바탕으로 우리는 플러스알파를 보태어 다시 시작해야 한다.

급변하는 세상, 직장인들은 회사에서 어떻게 생존할 것인가?

좀처럼 사라지지 않는 불황의 그늘 아래, 직장인들은 토사구팽을 당할지도 모른다는 불안감을 떨치지 못한 채 살얼음판 같은 회사생활을 해나가고 있다. 이는 특별한 기술을 갖고 있지 않은 관리자들에게도 별반 다르지 않은 상황으로, 해고 등의 잠재적 위기 상황에 오히려 더 치명적으로 노출되어 있다고 할 만하다. 그렇기에 직위 고하를 막론하고 모든 직장인이 자신의 생존전략을 세우는 일은 그 어떤 것보다 더 중요하다.

과연 어떻게 생존전략을 수립할 것인가?

생존전략을 수립하기 위해서는 자기 자신을 객관적으로 들여다봐야 한다. 생존전략 수립에 앞서 자기 이력서를 정확하게 작성해보고, '현재 자신의 위치는 어디에 있으며, 앞으로 어디로 나아갈 것인가?'를 자문자답해봐야 한다. 이를 토대로 비로소 미래 좌표를 설정해야 한다.

이력서를 다 작성했다면 객관적으로 자신의 이력을 검토한다.

경쟁의 시대에서는 끊임없이 자신의 가치를 업그레이도하는 자만이 살아남을 수 있다. 그러므로 항상 자문해야 한다. '내가 가진 능력은 어느 정도인가? 내가 가진 능력을 누가 살까? 어떤 능력 때문에 나를 원할까? 부족한 것은 무엇인가? 무엇을 추가할 것인가? 어떻게 보충할 것인가?'

직장인들은 매 순간 경쟁체제에 노출되어 있다.

경쟁체제에서 제일의 생존법은 자기 가치를 높이는 것이다. 따라서 자신의 능력을 쌓는 노력을 게을리하지 말아야 한다. 그 어떤 조직에서든 환영받는 인재, 이른바 '능력자'가 될 수 있도록 평소 실력을 갈고닦아야 한다. 이런 노력도 없이 미래의 청사진을 꿈꾸는 것은 어불성설이다. 스스로 자신의 이력서를 작성하고 부족한 것을 채우는 사람만이 불확실한 미래에서 살아남을 수 있다.

생존전략은 스스로 만들어 실행해야 한다.

생존전략을 스스로 만들어나가지 못한다면 결국 사회라는 거대한 정글에서 도태될 수밖에 없다. 지금이라도 자신의 생존전략을 만들어보자. 물론 전략만 있다고 해서 모든 문제가 해결되는 것은 아니다. 그 전략을 어떻게 운용할 것인지에 대한 구체적 방향 설정을 하고, 그다음 실행이 반드시 뒤따라야 한다.

지금은 무한 경쟁의 시대, 생존을 위해 지금까지의 안일했던 모든 것을 버려라. 그리고 다시 시작하라.

Chapter 10 개인 브랜드를 걸어라

Chapter 1

시간을
지배하라

어제라는 시간은 오늘 다시 돌아오지 않는다.
내일이라는 시간은 오늘 미리 다가오지 않는다.
지금 우리에게 허락된 것은 오늘뿐이다.
오늘 이 순간, 최선을 다해 노력하고 준비할 때
성공이라는 열매가 삶에 열릴 것이다.
오늘은 미래를 준비하는 사람들만의 몫이다.

01
하루 24시간을
어떻게 활용할 것인가?

누구나 시간의 중요성을 잘 알고 있다. 그럼에도 불구하고 시간을 제대로 활용하는 사람은 의외로 많지 않다. 오늘을 수없이 많은 나날 중 하루라고 생각하는가? 내일도 오늘처럼 해가 뜰 것이라고 믿는가? 만나게 될 내일이 과연 인생에서 얼마나 반복될 거라고 판단하는가? 분명 우리에게 허락된 시간은 제한적이다. 따라서 오늘이라는 이 소중한 하루는 지금 우리의 전 인생임을 알아야 한다. 이러한 마인드를 가지고 하루를 임하지 않으면 실패하여 낙오자의 삶을 사는 자기 모습을 보게 될 수도 있다. 누구에게나 살아가는 삶이 있다. 삶에 흐르는 시간은 그 무엇보다도 귀중한 자산이다.

사람들은 물질적 재산만을 중요시하는 경향이 있다. 즉, 물질적 재산에 비해 시간은 상대적으로 소홀하게 생각하는 것이다. 그런데 재산은 가졌다가도 잃게 되고 없다가도 생길 수 있는 것이지만, 시간은 한 번 흘러가면 절대로 두 번 다시 돌아오지 않는다. 재산을 잃는 것은 잠깐의 편안함과 위안을 잃는 것이지만 시간을 잃는다는 것은 전 인생과 모든 기회를 잃는 것이다. 잃어버린 재산은 노력과 땀이라는 대가를 치르면 잃은 만큼, 아니 그보다 더 많이도 찾을 수 있다. 하지만 시간은 아무리 노력해도 결코 되돌릴 수 없다.

많은 사람은 진정 무엇이 자신의 생에 중요한지 모르는 것 같다. 그 때문인지 눈에 보이는 재산에만 집착하며 눈에 보이지 않는 시간에 대해서는 한없이 너그러이 낭비하고 만다. 지금 시간을 효율적으로 활용하지 못한다면 시간은 분명 그런 사람을 팽개치고 유유히 사라질 것이다. 시간을 아끼는 사람만이 시간에게 따돌림을 받지 않을 것이요, 시간에게 팽개쳐지고 따돌림을 받는 끔찍한 삶을 비켜갈 것이다.

시간을 애인처럼 아끼고, 친구처럼 소중히 한다면 시간으로부터 성공이라는 큰 선물을 받게 될 것이다. 시간은 땀이라는 매개체로 인해 더욱 돈독해진다. 만일 우유부단한 성격으로 '오늘 못하면 내일 하면 되겠지!'라며 시간을 안일하게 흘려보낸다면, 성공이라는 큰 선물은 요원해질 것이다. 이러한 패턴이 계속된다면 결국 남는 것은 후회하는 삶뿐이다. 오늘이라는 시간은 오늘만 존재한다. 다시는 돌아오지 않는 단 한 번의 시간임을 명심해야 한다.

 명백하게 체감할 수 있는 우리의 생은 오늘밖에 없다. 그러한 오늘을 낭비하는 것은 자신의 전 생을 낭비하는 것이다. 같은 맥락으로, 오늘을 망치는 것은 자신의 전 삶을 망치는 것이다. 오늘을 어떻게 활용하느냐에 따라 미래의 삶이 달라진다. 그러니 오늘 하루 어떻게 살 것인지 결정하고, 그에 대해 스스로 책임을 져라.

하루 24시간을 잘 활용하는
10가지 방법

1. 즐거운 마음으로 일한다

누가 시키기 전에 자신의 일을 주도적으로 찾아 한다면 좀 더 즐거운 마음으로 업무 수행을 할 수 있다. 사실, 상사 등 누군가의 지시로 일을 하게 될 때는 왠지 모를 거부감부터 생긴다. 이런 마음으로 일을 계속한다면 즐겁게 일을 할 수가 없다. 즐거운 마음으로 활기차고 능동적으로 일할 때, 성과는 물론 그에 따른 성취감을 기대할 수 있다. 이는 성공을 이루는 데 빼놓을 수 없는 실천 과제이다.

2. 밝고 긍정적인 마인드로 문제를 대한다

직면한 문제를 풀기 위해서는 그 문제 속으로 적극 뛰어들어 해결하려는 노력이 전제되어야 한다. 자신에게 생긴 문제는 결국 자신이 풀어야 한다. 회피한다고 해서 해결될 문제는 세상 그 어디에도 없다. 밝고 긍정적인 마인드를 가지고 문제를 정면에서 대응하라. 그러면 결국 해결할 수 있을 것이다.

3. 오늘 하루 스스로 반성할 기회를 갖는다

하루를 마무리하면서 자신을 돌아보는 여유를 가져야 한다. 오늘이라는 중요한 날을 들여다보지 못하는 사람은 자신의 잘못을 간파하지 못할 뿐만 아니라 제대로 된 미래를 설계할 수 없다.

4. 오늘, 내일을 준비한다

오늘, 내일 해야 할 일을 준비할 줄 알아야 한다. 준비된 자에게만 미래가 있을 것이다. 오늘 준비가 되어 있지 않다면 내일 어떤 기회가 왔을 때 그냥 흘려버릴 수밖에 없다.

5. 오늘을 미래로 안다

시간은 한정되어 있다. 그러므로 오늘 하루를 어떻게 활용할 것인가를 항상 염두에 두면서 시간을 허투루 낭비해선 안 된다. 시간을 낭비하는 사람은 자기 삶을 스스로 갉아먹는 자이다.

6. 창의성으로 새로운 세상의 문을 연다

창의성을 발휘할 줄 알아야 한다. 남들이 하는 대로만 해서는 그들보다 발전할 수가 없다. 수동적인 사람보다는 능동적인 사람이 되어야 한다. 자신의 창의성을 발휘할 때 비로소 행복한 삶을 누릴 기반을 마련할 수 있다.

7. 새로운 날, 새로운 삶을 생각한다

아침에 일찍 일어나 잠시라도 생각할 시간을 가져야 한다. 모닝커피 혹은 차 한 잔을 마시며 오늘 하루 새롭게 펼쳐질 삶을 생각할 수 있다면, 그것만으로도 분명 행복과 축복이 넘쳐날 것이다.

8. 오늘 계획을 세우고 오늘 실천한다

계획을 세울 줄 알아야 한다. 계획을 세울 때 시간을 낭비하지 않고 알차게 사용할 수 있다. 하루를 의미 있게 보낼 계획을 세웠다면, 이제 즉각 실천하라.

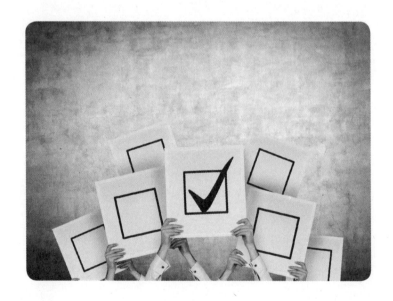

9. 날마다 삶을 정리한다

미래에 있을 일들에 대해, 그리고 미리 정리해놓을 수 있는 일들에 대해, 자기 삶을 정리해두면 좋다. 장례식, 유언 등 극단적이지만 실질적인 일을 미리 정리해둔다면 미래의 막연한 불안감으로부터 어느 정도 해방이 되어 좀 더 보람 있는 현재의 삶을 살 수 있다.

10. 목표 수정을 두려워하지 않는다

자기 한계를 고려해서 목표를 다시 수정할 줄 알아야 한다. 현재의 상황으로 이룰 수 없는 목표라면 실현 가능한 목표로 수정하고, 그것을 이루기 위해 노력해야 한다. 그 과정만으로도 삶에서 즐거움을 얻을 수 있다.

 삶을 풍요롭고 행복하게 만들려면, 하루를 유익하게 보내는 방법을 배워야 한다. 좋은 하루를 만드느냐 못 만드느냐에 따라 삶은 전혀 다른 방향으로 흘러간다.

하루 24시간 실천하는
15가지 방법

1. 즐거울 때 일한다

자기 기분을 스스로 조절할 줄 알아야 한다. 살다 보면 자신이 의도하지 않더라도 짜증이 나는 날 혹은 기분 좋은 날이 있게 마련이다. 기분이 좋은 날은 중요한 업무를 처리하고, 기분이 저조한 날은 자신의 기분을 스스로 조절하며 일해야 한다. 물론 자신의 기분을 조절한다는 것이 그리 쉬운 것은 아니다. 그럼에도 컨디션이 좋지 않아 기분이 저조하다면 중요한 업무는 여유를 갖고 다음 날 처리하는 것이 좋다. 억지로 일을 하려다 보면 일은 제대로 되지 않고 스트레스만 가중될 뿐이다. 일을 효율적으로 하려면 먼저 자기 기분을 잘 조절하는 것이 매우 중요하다.

2. 즐거운 마음으로 아침을 시작한다

부지런한 새는 배를 곯지 않는다. 아침에 게으름을 피운다면 하루 종일 그렇게 보낼 확률이 높아진다. 아침의 짧은 시간을 어떻게 보내느냐에 따라 하루가 결정되고, 이런 하루하루가 더해져 전 인생을 결정한다고 해도 과언이 아니다. 즐거운 마음으로 일찍 일어나 아침을 맞이하라. 늦잠에 취해 억지로 일어나서 하루를 시작한다면 하루의 일이 제대로 될 리 없다.

3. 다음 날의 계획을 미리 세운다

계획도 없이 하루를 보내다 보면 자신이 무엇을 했는지도 모르게 시간을 낭비하기 십상이다. 좋은 하루를 보내려면 전날에 계획을 미리 세우고 점검해보는 습관을 가져야 한다. 예를 들어, 다음 날 입을 옷은 미리 챙겨두는 것을 생각해보자. 아침에 일어나 허둥지둥 서두르고, 입고 나갈 옷을 찾아 옷장을 여기저기 뒤지다가 마땅치 않아 전날 입었던 옷을 그대로 입고 나간다면 그 하루는 전날 입었던 옷처럼 구겨진 채로 시작된다. 이래서는 좋은 하루를 보낼 수 없다. 이러한 맥락에서 계획은 일을 산뜻하게 진행하는 데 필요한 방향타라고 할 수 있다.

4. 내일을 위해 숙면한다

일에 따라 다르겠지만 항상 적당한 시간에 잠을 자고 아침에 일찍 일어나는 습관을 가져야 한다. 잠을 제대로 자지 못해 다음 날 일에 나쁜 영향을 준다면 좋은 하루를 보낼 수 없다. 활기찬 하루를 보내기 위해서는 잠을 적당하게 자고 일찍 기상해야 한다. 그래서 숙면이 중요하다. 잠자리에서까지 일에 대한 걱정거리를 안은 채 꿍꿍 앓는다고 그것이 해결될 리 만무하다. 제대로 잠을 자지 못한다면 걱정거리에 스트레스만 더 가중될 뿐이다. 잠들기로 마음을 먹었다면 모든 걱정과 스트레스를 다 내려놓고 숙면에만 몰입하라.

5. 오늘 할 일은 오늘 한다

어떤 일이 해볼 만한 가치가 있다고 판단했다면 즉시 그 일을 시작하고 최선을 다해야 한다. 만약 내일로 미룬다면 할 일만 늘어날 뿐 결국 최초 생각했던 일은 시도도 못한 채 유야무야될 것이다. 또한 자신에게 필요한 일과 필요하지 않은 일, 먼저 할 일과 나중에 할 일을 구별할 줄 알아야 한다. 일을 처리하는 데에서 일의 중요도와 순서를 구별할 줄 모른다면 일의 진행이 뒤죽박죽될뿐더러 깔끔하게 처리되지도 않을 것이다. 결국 남는 것은 스트레스뿐일 것이다. 요컨대 좋은 하루를 보내고자 한다면 일의 중요도와 순서를 구분하여 일을 처리해야 한다.

6. 올바른 태도가 좋은 하루를 만든다

항상 자신의 일을 점검해야 한다. 어떤 계획과 목표를 세웠을 경우, 마감 날짜가 없는 날은 없다. 그날에 완수해야 할 일들은 그날에 마무리하는 습관을 가져야 한다. 계획대로 그 일을 마감하지 못한다면 일은 계속 눈덩이처럼 늘어나 결국 일의 노예가 되어 일에 치일 것이다. 무엇보다 해야 할 일이라면 항상 밝고 긍정적인 마인드로 접근해야 한다. 일을 마지못해 하면서 짜증과 불만을 토로하는 행태는 오늘 하루의 발전을 저해하고 성장하기를 멈추는 것과 다르지 않다. 일을 할 때는 적당한 시기가 있다는 것을 알아야 한다. 아무리 좋은 생각이라도 시기를 놓치면 성공하기 어렵다. 일의 적당한 시기를 알고 그 적기 안에 처리할 줄 알아야 좋은 하루와 좋은 인생을 보낼 수 있다.

7. 자신을 배려하듯 남을 배려한다

남을 배려하는 것은 곧 자신을 배려하는 것이다. 남을 배려할 줄 모르는 사람은 남에게도 배려를 받을 수 없다. 지금부터 다른 사람을 배려하는 마음을 가져라. 당장 지하철이나 버스를 탔을 때 노약자, 임산부, 몸이 불편한 사람이 있다면 즐거운 마음으로 자리를 양보해 보자. 그러면 육체적 피로가 배려의 행위로 인해 확 풀릴 것이다.

8. 화를 자제한다

화를 내는 것은 타인은 물론 자신에게도 해롭다. 화를 내면 주위의 모든 사람이 똑같은 기분으로 전염된다. 그런 탓에 다른 사람에게 낸 화는 결국 자신에게 돌아온다. 다른 사람은 물론 자신을 위해 화를 자제할 줄 알아야 한다.

9. 오늘 하루를 기쁘게 산다

기쁨은 하늘이 내린 하루의 활력소이다. 주어진 하루를 대자연과 신이 주는 선물과 축복으로 받아들이고, 하루를 최대한 기쁘고 즐겁게 살자. 이것이 바로 행복으로 가는 지름길이다.

10. 기도를 한다

절대자에게 하는 기도는 약해서 하는 것이 아니다. 기도는 더욱 강한 힘과 신념을 준다. 믿는 종교가 없다면 대자연과 자신에게 기도를 해보자. 이러한 기도를 통해 의지를 굳건하게 하고 정신을 더욱 강하게 만들 수 있다. 기도가 단순히 기도로 끝나지 않게 하려면 기도 이후 하루 일과를 마칠 무렵 명상의 시간을 가져야 한다. 오늘 하루도 무사히 보낸 것에 대한 감사와 더불어 내일 좋은 일만 생기기를 기원해보자. 분명 기도는 행복한 마음으로 내일을 맞을 수 있게 해준다.

11. 사랑하는 가족을 생각한다

많은 사람이 행복과 즐거움을 자신의 주변이 아닌 다른 곳에서 찾으려고 발버둥친다. 그러나 행복과 즐거움의 원천은 가정에서 비롯된다. 가족을 도외시하는 사람은 다른 곳에서 성공을 거두었을지언정 불행한 사람이다. 어떤 문제가 생긴다면 가족과 의논할 줄 알아야 한다. 직면한 문제는 결코 혼자만의 것이 아닌, 가족들과 상의하여 같이 해결해야 할 공동의 사항으로 인식할 때, 문제 해결이 수월할뿐더러 행복감은 배가될 것이다.

12. 친구들에게 안부를 전한다

그동안 연락하지 못한 친구들에게 안부를 전해보자. 분주한 생활
이 여유를 앗아갈수록 시간을 내어 친구들에게 안부를 전할 때, 소소
한 삶의 행복이 피어난다. 친구는 삶을 풍요롭게 해주는 자신의 거울
이다. 따라서 연락을 기다릴 것이 아니라 먼저 친구들에게 안부를 전
하자.

13. 타인을 비난하지 않는다

타인을 손가락질하면서 비난하지 말라. 타인을 향한 비난은 결국
자신에게 부메랑이 되어 돌아온다. 비록 지치고 힘들지라도 타인에
게 비난보다는 따뜻한 말 한마디를 건네보자. 따뜻한 말 한마디는 인
간관계에서 이심전심을 통하게 마련이다. 비난은 서로의 마음에 오
해와 불신만 키울 뿐이다.

14. 죽음도 삶의 일부로 받아들인다

모든 인간은 병으로든 사고로든 아니면 노환으로든 죽게 되어 있
다. 죽음을 두려워하며 회피하려고만 들지 말고 누구에게나 닥칠 일
이라고 인정하는 마음가짐이 필요하다. 죽음을 피하려고 하는 이는
정말 우매한 사람이다. '죽음이란 결코 피할 수 없는 것'임을 정면으
로 수용할 때 삶은 더욱 소중해질 것이다. 당연히 행복한 인생으로

끌고 갈 확률 또한 커질 것이다.

15. 자기 인생을 사랑하며 즐긴다

자기 인생을 사랑하며 즐길 줄 알아야 한다. 자기 인생을 사랑하지도, 즐기지도 못한다면 행복한 미래는 요원할뿐더러 결국 자신의 삶을 망칠 것이다.

 성공은 물론 행복을 쟁취하려면 무엇보다 스스로 실천해야 한다. 실천해야만 그 무엇이라도 얻을 수 있다. 생각만 하고 실천하지 않는다면 그 생각이 아무리 좋을지라도 실질적인 그 무엇 하나 절대로 얻을 수 없다.

자기 스케줄(삶) 20분도 조절하지 못하면서……

흔히 러시아워의 교통 혼잡을 불평하며

20분만 빨리 나왔더라면 괜찮았을걸' 하면서도

그 말처럼 쉽게 자기 스케줄(삶)에서

단 20분을 조절하지 못한다.

_마크 매코맥(MARK H. MCCORMACK)의
『하버드에서도 가르쳐주지 않는 것들』 중

TIP

오늘의 삶을 더욱 소중하게 만드는 5가지 방법

1. 친구를 소중히 생각한다. 어렵고 힘들 때 가장 큰 힘이 되어주는 친구를 잃지 않도록 평소 관심을 가지고 노력한다.

2. 먹고사는 일을 떠나 나 자신에게 필요한 것을 개발한다. 일에 치여 힘들지라도 좀 더 밝은 미래를 위해 나 자신을 개발하는 지혜를 가져야 한다.

3. 오늘 어떤 일이든 할 일이 생각나면 용기를 내어 과감히 도전한다. 일은 미루면 미룰수록 점점 더 많아질 뿐이다.

4. 과거에 집착하지 않는다. 지난날, 하지 못했다 후회만 하지 말고 바로 지금 할 일을 찾아 시작한다.

5. 진정 사랑하는 사람이 있다면 그 상대에게 사랑한다고 말한다. 사랑하는 사람일지라도 항상 곁에 있고 기다리기만 하는 것은 아니다.

TIP

오늘 최선을 다하여 사는 5가지 방법

1. 오늘은 행복하게 지낼 수 있다고 결심한다. 행복하기로 결심한 만큼 삶은 행복해진다. 행복은 결코 외부에서 주어지는 것이 아니라 내 마음 안에 있다.

2. 나 자신에게 주어진 가정, 일, 생활을 긍정적으로 받아들인다. 그러면서 동시에 삶을 창조적으로 개척해나간다.

3. 몸을 잘 관리한다. 건강한 몸은 나 자신의 명령을 기쁨으로 따르게 하고, 활기에 넘친 삶을 살 수 있게 한다.

4. 정신적 게으름뱅이가 되지 않고 마음과 생각을 강하게 연단하기 위해 좋은 책을 읽는다.

5. 비판, 훈계, 경고 대신 칭찬과 배려로 타인을 대하면서 오늘을 유쾌하게 산다.

Chapter 2

자신을
자기계발하라

당신 자신은
당신이 만든 첫 번째 상품이다.
따라서 당신을 시장에 어떻게 내놓느냐가
매우 중요하다.

이력서는
나 스스로 써나가는 것이다

가장 용맹스럽고 사냥 실력이 뛰어난 사자가 다른 동물을 공격하여 먹이를 구하는 데에서 사냥 성공률은 5퍼센트를 넘지 못한다. 동물 중 가장 최상위 포식자 중 하나인 사자도 최선을 다하지만 결국 95퍼센트의 실패를 하는 것이다. 그럼에도 사자는 95퍼센트의 실패를 딛고 5퍼센트의 성공률에 따라 결국 동물의 제왕이 된다.

미국 메이저리그의 전설적 홈런왕 베이브 루스는 714개의 홈런을 쳤다. 그러나 그는 자신의 홈런 2배 정도가 되는 1,330번의 스트라이크 삼진 아웃을 당했다. 그는 1,330번의 실패를 딛고 714개의 홈런을 쳐 결국 신화적 홈런 타자가 되었던 것이다.

미국의 로버트 리플리가 저술한 『믿거나 말거나』라는 책에 이런 글이 있다.

'고물상에 팔면 3천 원 받을 쇳덩이를 말발굽 창을 만들면 3만 원,

섬세한 바늘로 만들면 3십만 원, 날카로운 면도날을 만들면 3백만 원, 시계의 스프링을 만들면 무려 3억 원이 된다.'

누구는 같은 재료를 가지고도 3천 원의 값어치를 만드는가 하면, 누구는 3억의 값어치로 만들기도 한다. 삶도 마찬가지다. 다른 사람들과 같은 능력을 가지고 있더라도, 자신이 어떻게 하느냐에 따라 자기 삶을 3천 원짜리냐, 3억 원짜리냐가 결정된다.

자신의 삶을 가치 있게 만들려면 먼저 내가 이 세상에서 누구이며, 내가 현재 무엇을 하고 있는가에 대해 정확하게 인지하고 있어야 한다. 나 자신을 알 수 없을 때 우리의 삶은 엉망이 되어버리고 결국 불행해질 수밖에 없게 된다. 자신을 정확히 알게 되었다면 이제 자기 계발을 시작해야 할 단계이다. 3천 원짜리 인생과 3억 원짜리 인생은 스스로 결정하는 것이다.

지금 세상의 핵심 키워드는 '변화'와 '혁신'이다. 세상은 아주 빠르게 변하고 있다. 그 안에서 서로 이기려고 치열하게 싸운다. 모든 것이 하루가 다르게 변하는 세상에서 살아남으려면 개인이든 기업이든 자기계발을 계속하지 않으면 안 된다.

현대사회는 직장인의 문화를 급속하게 변화시키고 있다. 기업들은 이제 창의성과 스피드, 그리고 다양한 창조적 사고를 지닌 인재들을 필요로 한다. 이런 인재가 되고 직장에서 인정받는 사람이 되려면 자신을 끊임없이 발전시켜 업그레이드하려는 노력이 필요하다.

 자기 분야에 관하여 지속적인 연구와 더불어 새로운 지식을 습득하기 위해 꾸준히 노력해야 한다. 자신을 더욱 향상시키기 위해서는 자기 분야의 최고 모델을 설정하여 그의 장점을 내 것으로 만들어야 한다.

나는 ○○ 분야에서 잘 알려져 있다.

내년 이맘때까지는 한두 가지 새로운 부분이 추가될 것이다.

나는 지난 90일 동안 새로운 것을 ○○가지 배웠다.

나는 지난 90일 동안 내 명함철에

중요하고 새로운 이름 ○○개를 추가했다.

지금의 내 이력서는 ○○가지 면에서

작년 이맘때와 확연히 다르다.

_『와우 프로젝트』 중에서

자기계발을 위한
6가지 방법

1. 이 순간부터 주저하지 말고 시작한다

경제적 문제에 쫓겨 하찮은 일이라도 해야 했던 시절, 미술가 로댕은 자신을 잃는 법이 없었다. 그는 자신의 일을 언제까지나 계획만으로 그친 적이 없었다. 그는 낮에 생각했던 것은 그날 밤 안으로 즉시 실행했다.

2. 성공과 실패의 책임을 진다

실패와 몰락의 원망 대상은 나 자신밖에 없음을, 자기 자신이 최대의 적이며 실패의 원인임을 깨달아야 한다. 성공과 실패의 일차적인 책임은 나 자신에게 있다. 실패할 것으로 생각하고 그렇게 행동한다면 분명 실패할 수밖에 없다. 반대로 성공하리라 생각하고 그렇게 행동한다면 반드시 성공할 수밖에 없다.

3. 작은 일이라도 자주 계속한다

할 수 있다고 믿는 사람만이 어떤 일이든 할 수 있다. 한 번 실천해 본 사람은 다시 하는 것을 주저하지 않는다. 목표가 거창하더라도 큰 일만을 하려고 하지 말고, 작은 일일지라도 지금 당장 할 수 있는 일에 최선을 다해라. 가령, 높은 산을 정복하려는 등산가가 되고 싶다면 우선 당장 오를 수 있는 작은 산부터 도전하라. 높은 산에 오르는 것에 대해서 꿈만 꾸다가 실제 기회가 왔을 때 능력이 안 되어 도전을 못한다면 어떻겠는가? 작은 일이라도 자주 계속한다면 결국 큰 목표에 이를 것이다.

4. 먼저 한 가지 일에 집중한다

어린아이는 쓰러지고 또 쓰러지면서도 잘 걸을 수 있는 그날까지 걷기에 몰입하여 노력한다. 같은 맥락이다. 추구하는 중요한 한 가지 목표에 집중하라. 어린아이가 걷지도 못하는데 뛰기 위해 노력한다면 결국 걷지도 못하고 뛰지도 못하는 상황에 처할 것이다. 따라서 아무리 하고 싶은 일이 많고 재주가 많을지라도 한꺼번에 해내려는 욕심을 버리자. 한 가지 목표에 집중하는 것이야말로 성공의 지름길이다.

5. 혼자 힘으로 성공한 사람은 없음을 안다

세상을 살아가려면 많은 사람과 인간관계를 맺어야 한다. 혼자 힘으로 성공한 사람은 없으니, 주변의 인맥 및 재원을 끌어들여야 한다. 자기 목표 달성을 위해서 혹은 어려운 일을 할 때, 타인의 도움은 절대적으로 필요하다. 이런 점에서 가능한 한 이질적 집단의 구성원들과 교류해야 한다. 동질적 집단 속에서는 배울 것이 그리 많지 않기에 큰 자극을 받을 수 없다. 그러나 이질적인 이들이 모인 집단 속에서는 서로가 서로에게 자극을 주어 성숙으로 가는 변화의 장을 상호 열어준다.

6. '할 수 있다'는 신념을 가진다

인간은 지금과 다른 어떤 변화를 싫어하고 두려워하는 잠재의식을 갖고 있다. 이 때문에 더 발전할 수 있는 새로운 환경으로 대개 나아가지 못한다. 그러나 인생은 한자리에 서 있는 것이 아니고 앞으로 계속 걸어가는 것이다. 따라서 신념과 실천이 무엇보다 중요하다. 먼저 마음속에 '할 수 있다'라는 마음을 가져라. 그리고 두려움과 걱정을 떨치고 실천하라.

 자기계발은 현대인의 필수 과제이자 비즈니스맨의 생존전략이다. 삶의 질을 높이는 것은 살아 있는 동안 계속해야 할 자신의 과업이다.

자기계발을 실천하는
11가지 방법

1. 자기계발을 위해 항상 도태를 경계한다

현대사회는 그 어떤 때보다도 자기계발을 요구하고 있다. 개인들이 사회의 요구인 자기계발을 하지 못하거나 게을리한다면 사회는 아량을 베풀지 않고 개인에게 책임을 물으며 결국 도태로 몰아갈 것이다. 지금은 당장 자기계발의 중요성을 깨닫고 최선의 노력을 기울일 시점이다. 성공한 사람들은 모두 적절히 시간 활용을 하며 자기계발에 힘썼다.

2. 실패를 두려워하지 않는다

자기계발의 중요한 덕목 중 하나는 바로 실패를 두려워해서는 안된다는 것이다. 실패를 두려워한다면 아무것도 할 수 없을뿐더러 당연히 자기계발은 물 건너간다. 성공한 사람 대부분은 실패를 경험했다. 그럼에도 불구하고 그들은 실패를 두려워하지 않고 오히려 실패를 밑거름 삼아 성공을 향해 악착같이 나아갔다. 실패했더라도 좌절하거나 무기력함에 빠져서는 안 된다. 냉철하게 실패의 원인을 분석하고 그로부터 똑같은 실패가 반복되지 않도록 예방하는 게 무엇보다 중요하다.

3. 스스로 변화한다

자기계발을 하는 데에서 비관적이고 소극적인 성격은 버려야 한다. 누구든지 무한경쟁의 이 어려운 시대에서 살아남으려면 부정적 성격과 과감히 단절해야 한다. 자신의 나쁜 성격을 방치하는 것은 미래를 포기하는 것과 다르지 않다. 나쁜 성격은 일을 하는 데에서도 인간관계에서도 부정적 영향을 미친다. 자기 성격은 누구보다 자신이 가장 잘 안다. 자신의 나쁜 성격을 바꾸기 위해서는 먼저 타성에 젖어 있는 생각들을 바꿔야 한다.

4. 자신을 사랑한다

자신을 사랑해야 남도 사랑할 수 있다. 먼저 내가 있어야 다른 사람이 있고 또한 세상도 존재하는 법이다.

5. 행복해질 수 있다는 생각을 가진다

항상 성공을 생각하며 행복을 추구하겠다는 마음을 가져야 한다. 행복을 누리는 사람들이 그렇게 될 수 있었던 과정을 연구하고 그들로부터 행복해지는 법을 배워야 한다. 자신이 행복해질 수 있음을 항상 생각하면서 노력한다면 인생에서 성공과 발전, 그리고 행복을 이룰 수 있을 것이다.

6. 긍정적인 사고방식을 갖는다

하루를 새로운 시작점의 특별한 날로 만들어라. 예컨대 오늘 하루를 1년을 시작하는 첫날이라고 생각한다면 잘해보겠다는 마음가짐과 함께 희망찬 계획을 세울 수 있다. 물론 하는 일마다 최선을 다하게 될 것이다.

7. 시야를 넓게 그리고 멀리 본다

시야를 넓게, 멀리 보는 습관을 길러야 한다. 그래야 삶의 목표를 확고히 설정하고 그 목표를 달성하기 위해 자기계발에 소홀하지 않을 수 있다. 목표 없이 인생을 산다는 것은 나침반과 해도 없이 바다를 항해하는 것과 같다. 자신이 어디로 가는지, 어디에 무엇이 있는지조차 모른 채 무작정 세상의 거친 파도와 힘겨운 싸움을 벌이며 먼 길을 가는 것과 같다.

8. 부족한 부분에 집중적인 투자를 한다

능력이 부족하다면 그 능력을 키우기 위해 부족한 부분에 집중적인 투자를 해야 한다. 이때 자신에게 낭비되는 시간을 활용하는 것이 중요하다. 휴식 시간, 출퇴근 시간 활용으로도 영어회화, 인문 지식

등등을 충분히 쌓을 수 있다. 단지 시간이 부족해서라는 것은 변명에 불과하다. 하루 24시간은 누구에게나 공평하게 주어진다. 다만, 그 활용도에서는 천차만별이다. 다들 자신에게 주어진 일정한 시간을 어떻게 활용했느냐에 따라 삶의 결과는 당연히 다르게 나타난다. 시간이 모여 우리의 삶을 만든다. 오늘이라는 시간을 낭비하면서 내일을 생각하지만 지금의 시간을 낭비하는 사람에게는 내일도 발전 없는 오늘과 다르지 않을 것이다.

9. 유능하고 꼭 필요한 사람이 된다

조직 내에서 유능하고 꼭 필요한 사람이 되기 위해서는 자신의 능력을 스스로 끊임없이 키우는 길밖에 없다. 스스로 전문가가 되겠다는 다짐으로 모든 일에 임하며 긍정적 마음으로 일을 처리해야 한다. 부정적인 생각은 일을 처리하는 데에서 실수, 태만 등을 불러 일으켜 실패하게 만드는 요소가 된다. 부정적인 생각과 긍정적인 생각의 승부에서 긍정적인 생각이 지고 만다면 어떤 일을 해도 실패할 수밖에 없다. 그러니 부정적인 생각은 조금 덜고 긍정적인 생각을 조금 더 한다면 삶은 한층 풍요로운 방향으로 흘러갈 것이다. 긍정적인 생각을 가지고 추진한 일에 대해 실패를 맛보았다고 해도 후회, 좌절, 절망보다는 다시 일어설 수 있다는 마음이 앞서게 된다. 따라서 어떤 일을 하더라도 항상 즐거운 마음으로 긍정적인 사고를 가지고 처리하는 게 중요하다.

10. 리더십을 익힌다

사회의 모든 일이 개인 혼자서 할 수 없을 정도로 복잡화, 대형화되었다. 타인과 함께 일을 하면서 자신의 능력을 자발적으로 발휘할수 있을 때, 좋은 결과가 나올 수 있다. 리더십은 결국 철저한 자기계발을 통한 긍정적인 사고방식, 사물을 제대로 통찰할 수 있는 판단력, 풍부한 상상력, 조화를 이끌어내는 단결력, 그리고 냉철한 판단력에 의해 만들어지는 것이다.

11. 건강한 몸 상태를 유지한다

아무리 뛰어난 능력과 이론을 가지고 있을지라도 건강하지 않으면 일을 망칠 가능성이 높다. 무엇보다 성공하고도 건강을 잃는다면 아무 소용이 없다. 따라서 매사 우선적으로 건강한 몸 상태를 유지해야 한다.

삶이 버겁다고 짜증내지 말라. 짜증을 낸다고 어깨에 놓인 짐이 가벼워지지는 않는다. 그럴수록 자기 사명을 재발견하고, 일에 신념을 갖자. 그럴 때 힘이 솟아날 것이고 행복한 인생길이 보일 것이다.

TIP

새로운 나를 창조하는 5가지 기술

1. 두려움을 없애라. 두려움에 맞서 이겨내야 한다. 다만, 한 가지 경계해야 할 것은 두려움이 없는 것처럼 왜곡하는 일이다.

2. 변화를 예측하라. 모든 상황은 하루가 멀다 하고 수시로 바뀐다. 변화에 적응하지 못한다면 자연히 도태되는 게 현실이다.

3. 원인을 찾아라. 모든 결과와 실패에는 원인이 있게 마련이다. 원인 규명과 개선 없이는 또다시 같은 결과와 실패를 가져올 것이다.

4. 자신을 개혁하라. 자신이 변화되기를 거부하면서 타인의 개혁을 꿈꾸지 말라. 자신은 그대로인 채 타인이 개혁되었다면 자신은 타인의 과거를 살고 있는 것이다.

5. 충분히 검토하라. 수행된 일 그 자체는 결코 되돌릴 수 없다. 따라서 일을 추진하기 전에 충분히 검토하고 다양한 방법을 동원하여 결과를 미리 예측해야 한다.

나를 변화시키는 5가지 기술

1. 휴식을 가져라. 꿈을 위해 자신에게 최선을 다하다 보면 어느새 일
   에 쫓겨 피로에 휩싸인다. 그러면 자연히 게을러지고 나약해지게 마
   련이다.

2. 꾸준히 자기 암시를 하라. 항상 '할 수 있다', '될 것이다'라는 자기 암
   시는 힘들고 어려운 상황에서도 이겨낼 힘을 준다.

3. 조언자를 구하라. 독단과 고집은 일을 그르치는 가장 큰 요인이다.
   많은 사람의 의견을 받아들이고 자기의 잘못을 인정하여 수정하면
   좀 더 좋은 결과를 얻을 수 있다.

4. 유언을 준비하라. 유언장을 써 간직하라. 삶을 진지하게 사는 사람
   은 죽음을 두려워하지 않는다. 그런 삶을 살 수 있도록 하루하루 최
   선을 다하라.

5. 부정적인 사람을 멀리하라. 부정적인 사람과 가까이하면 자신도 모
   르게 부정적인 사고에 빠진다. 사람은 주변의 영향을 받게 되어 있
   다. 그러므로 할 수 있는 한 긍정적 사고방식으로 좋은 영향을 줄 사
   람과 교류하도록 노력한다.

Chapter 3

좋은 습관을
체화하라

습관이라는 것에는 놀라운 힘이 있다.
좋은 습관은 사람을 성공으로 이끈다.
반면, 나쁜 습관은 사람을 실패의 길로 이끈다.

습관의 노예가
되지 말라

지그 지글러는 『시도하지 않으면 아무것도 할 수 없다』에서 이렇게 기술했다.

'나는 누구일까요? 나는 당신의 영원한 동반자입니다. 또한 당신의 가장 훌륭한 조력자일 뿐 아니라 가장 무거운 짐이 되기도 합니다. 나는 당신을 성공적으로 이끌기도 하고 실패의 나락으로 끌어내리기도 합니다. 나는 전적으로 당신이 하는 대로 그저 따라갑니다. 그렇지만 당신 행동의 90퍼센트가 나에 의해 좌우됩니다. 나는 당신의 행동을 빠르고 정확하게 좌지우지됩니다. 나에겐 그것이 매우 쉬운 일입니다. 당신이 어떻게 행동하는지 몇 번 보고 나면 나는 자동적으로 그 일을 해냅니다. 나는 위대한 사람들의 하인일 뿐 아니라 실패한 모든 이의 주인이기도 합니다. 나는 인공지능 기계처럼 정밀하지만 그렇다고 해서 기계는 아닙니다. 나를 당신의 이익을 위해 이용할 수도 있고, 당신의 실패를 위해 사용할 수도 있습니다. 나를 훈련시키십시오. 그리고 나를 확실하게 당신의 것으로 만든다면 나는 당신의 발 앞에 이 세상을 가져다 줄 것입니다. 만일 당신이 날 가볍게 여긴다면, 난 당신을 파멸의 길로 이끌 것입니다. 내가 누군지 아시겠습니까? 나는 습관입니다.'

매일 부딪히는 사소한 일이나 사소한 선택은 습관을 형성한다. 그 습관은 어찌 보면 작은 것에 불과하지만, 인생 전체를 놓고 볼 때 그것은 미래를 좌우하는 대단히 중요한 요소가 된다. 만약 나쁜 습관이 일상화되어 반복된다면 아무리 중요한 것에 매달려도 그 습관으로 인하여 결국 낭패를 볼 수밖에 없다. 그 사실을 나중에 깨달았다고 해도 그 나쁜 습관으로부터 벗어나는 것은 쉽지 않다. 습관이란 한번 몸에 배면 바꾸기 어려운 것이기 때문이다. 성공을 원한다면 자신의 습관에 대해 한 번쯤 신중하게 들여다볼 필요가 있다.

운명은 그 사람의 성격에 의해 만들어진다. 그리고 성격은 그 사람의 일상 속 습관에 의해 만들어진다. 그렇기 때문에 오늘 하루 좋은 행동의 씨를 뿌려 좋은 습관을 거두어들이도록 해야 한다. 좋은 습관으로 성격을 다스린다면 그때부터 운명은 새로운 문을 열어줄 것이다.

성공은 좋은 습관이 가져다주는 선물이다. 좋은 습관으로 성공자가 될 수 있고, 나쁜 습관으로 실패자가 될 수 있다. 물론 아무런 목표의식 없이 좋은 습관만 가지고 있다고 해서 무조건 성공하는 것은 아니다.

성공을 원한다면 성공에 부합하는 좋은 습관을 자기 것으로 만들어야 한다. 자, 이제 결단을 내리자. 성공을 이끌어내는 좋은 습관을 내 것으로 만들 것인가, 실패를 이끌어내는 나쁜 습관을 내 것으로 만들 것인가?

 누구에게나 있는 단점은 습관에서 비롯된다. 나쁜 습관 한 가지를 고치면 다른 부정적 습관 또한 자연적으로 고쳐진다. 따라서 의식적으로 좋은 습관을 형성하려고 노력해야 한다. 그렇지 않으면 자신도 모르는 사이 나쁜 습관에 지배당할 것이다. 단점투성이의 부정적 인간이 될 것임은 물론이다.

좋은 습관을 만드는
10가지 전략

1. 바로 이 순간에 행동을 다스린다

나쁜 습관을 버리고 좋은 습관을 가져야 한다. 당장 그릇된 습관 한 가지를 고친다는 것은 새롭고 강인한 성격으로 출발한다는 것을 의미한다. 새로운 습관은 새로운 운명을 열어준다. 나쁜 습관을 버리고 좋은 습관을 자기 것으로 만들 때 성공하는 삶의 새 운명이 열린다.

2. 일의 마무리를 잘한다

마무리를 잘하는 습관을 가져야 한다. 어떤 일을 시작했을 때 대부분의 사람은 처음엔 어떻게든 잘해나가지만 그것을 지속적으로 끝까지 해내는 이는 생각보다 적다. 그래서 성공하는 사람이 많지 않은 것이다. 물론 시작이 중요하다. 하지만 이보다 더 중요한 것은 마무리를 잘하는 것임을 명심하라.

3. 오늘이 생의 마지막 날이라 생각한다

오늘 할 수 있는 일에 전력을 다하라. 그러면 내일 한 걸음 더 진보할 것이다. 어떤 일이든 끝까지 물고 늘어지며 과감하게 최선을 다했을 때, 최상의 이익이 돌아온다. 오늘 하루를 좀 더 보람차게 살고 싶다면 오늘을 생의 마지막 날이라 생각하고 모든 일에 임해야 한다.

4. 지레 포기하지 않는다

성공하는 사람은 자신에게 결점이나 부족한 점이 발견될 때 그것을 보완하거나 다른 능력을 상대적으로 더 발휘한다. 미리부터 지레포기하는 습성처럼 나쁜 것도 없다. 지레짐작으로 포기한다면 그 일에 대해서는 영원히 그 어떤 기회도 잡지 못할 것이다.

5. 생각에 그치지 않고 실천하는 습관을 가진다

실천하지 않고 얻을 수 있는 것은 아무것도 없다. 어떻게 살아야 올바르고 훌륭한 삶인가를 아는 것은 물론 중요하다. 그러나 그보다 더 중요한 것은 실천이다. 실패하는 사람들은 말만 하고 실천하지 않는다. 성공하는 사람들은 말보다 실천을 앞세운다.

6. 자신감을 갖는다

지나친 자신감은 경계해야 하지만, 적당한 자신감은 자기 발전을 이루는 데 중요한 성장동력이 된다.

7. 지금 하고 있는 일에 열중한다

일에 열중하면 성공은 자연히 따라온다. 무슨 일이든 지금 하고 있는 일에 몰두하라. 큰일이든 작은 일이든 경중을 두지 말고 하는 일에 완전히 몰입하라.

8. 정보를 내 것으로 만든다

가만히 앉아 있기만 해서는 정보를 얻을 수 없다. 타인의 성공 혹은 실패 사례를 면밀히 분석한다. 이를 롤모델 또는 반면교사로 삼아 지금 하고 있는 일에 접목, 실행한다. 탄탄한 정보인맥의 구축은 이러한 작업을 좀 더 쉽게 해준다.

9. 비효율의 부정적 아날로그 생각은 버린다

많은 사람이 시기 문제에 발목이 잡혀 실패한다. 그만큼 시기를 맞추는 일은 매우 중요하다. 디지털 시대이니만큼 생각도 분명 디지털적으로 해야 하는 부분이 있다. 이제 비효율의 부정적 아날로그 생각에서 효율의 긍정적 디지털 생각으로 전환해보자. 그러면 생산성이 향상될 것이다.

10. 자만심에도, 열등감에도 빠지지 않는다

자만심과 열등감은 항상 경계해야 할 악이다. 성공하기 위해서는 자만심을 철저하게 누르고, 자신의 단점으로부터 열등감을 격리시켜야 한다. 특히 자신의 단점을 발견했을 시 단점에 매달리기보다 장점에 매달리며, 부족한 점은 다른 것으로 채우려고 노력해야 한다.

 의식적으로 좋은 습관을 형성하려고 노력하지 않으면 자신도 모르는 사이 나쁜 습관에 지배당한다.

좋은 습관을 실천하는
10가지 방법

1. 가능하다고 생각할 때 가능한 것이 된다

생각에 따라 인간의 가능성은 무한하다. 한때 아주 불가능하다고 생각했던 것이 결국 가능한 것으로 바뀐다. 할 수 없다고 생각하는 동안, 이는 사실 그것을 하기 싫다고 다짐하고 있는 셈이다. 따라서 할 수 없다고 하는 것은 당연히 실행되지 않는다. 지금부터라도 "불가능해!"라는 말은 하지 말자.

2. 절대적으로 좋은 방법이란 없다

사람은 각자 자신만의 기질을 바탕으로 산다. 한마디로 자신만의 습관과 개성으로 살아가는 것이다. 그러다 보니 대개 자신의 속성에 너무 갇히는 경향이 있다. 세상을 살아가는 방법에는 단 한 가지의 절대적 방법만 있는 게 아니다. 누구나 자신만의 방법으로 자기 생활을 하는 것은 자유다. 그러나 단 한 가지 방법에 얽매여 있는 것은 도리어 자기 자신을 노예화하는 결과를 초래할 수도 있다.

3. 긍정적인 태도를 취한다

삶에서 문제가 발생했을 때 중요한 것은 '어떤 태도를 취할 것인가?'이다. 어떤 문제에 부딪혔을 때 "도전해볼 만하겠군!" 하며 긍정적인 태도로 접근한다면 오히려 쉽게 대응법을 찾을 수 있을 것이다.

4. 목표를 세우고 신념을 갖는다

인간은 목적과 신념 없이 행복하게 살아갈 수 없다. 목표와 신념은 인간을 살아 있는 존재로 각인시킨다. 앞으로 나아가는 추동력을 제공한다. 그렇기에 어떤 목표를 세우고 그 목표에 대해 신념을 가지는 것은 인생살이에서 꼭 필요한 자세다.

5. 자신의 일을 누구보다 잘해낸다

자기 생산성을 높여라. 일을 즐기기 위해서는 하나의 목표를 향해 전진해가고 있다는 것을 자각해야 한다. 목적 없이 멍한 상태로 일한다는 것은 생산성 측면에서 절대 금물이다. 중요한 것은 인생의 목표를 갖고 있다는 사실이며, 에너지와 시간이 목표를 향해 달려가고 있음을 느끼는 것이다. 스스로 근무 시간에 생산성을 최대한 높이며 할 수 있는 것부터 시작하라. 그러다 보면 자신의 삶을 활력 있게 만들며 작은 성취감들이 모여 큰 성취감을 이룰 수 있다는 것을 체감할 것이다. 좋은 습관을 지니려면 늘 자신을 혁신하려 노력하고, 적극적으로 자기 평가를 하고, 작은 일에도 연구심을 발휘하는 자세를 가져야 한다.

6. 매력 있는 사람이 된다

상대방의 마음을 사로잡으려면 세련된 몸가짐이 필요하다. 용모는 늘 단정하게, 침착한 태도를 유지하며, 의복은 항상 정결해야 한다. 또 걸음걸이에 활기가 있어야 한다.

외출하기 전 거울을 보고 자신감 넘치는 미소를 한번 지어보라. 사소하고 간단하지만 이러한 노력이 더욱 매력 있는 사람으로 변화시킨다. 미소는 만물의 영장인 사람만이 가지고 있는 특권적 표현법이다. 하늘이 내려준 미소의 능력을 올바로 타인에게 사용한다면 손해 보는 일은 절대로 없다. 미소는 일을 유쾌하게, 교제를 명랑하게, 가정을 밝게, 그리고 무엇보다 수명을 길게 해준다.

또 하나, 유머는 주변 사람들을 기분 좋게 웃길 수 있는 도구로, 성공을 이루는 데 필수요소 중 하나이다. 너무 머리로만 웃기려 하지 말라. 진정한 유머는 머리에서 나오는 것이 아니라 마음에서 나온다.

7. 하루 24시간을 제대로 활용한다

자기 인생을 사랑한다면 시간을 낭비하지 말라. 왜냐하면 시간은 인생을 구성하는 재료이기 때문이다. 똑같이 출발했는데, 세월이

지난 뒤에 보면 어떤 사람은 성공해 있고, 어떤 사람은 낙오자가 되어 있다. 이 두 사람의 거리는 좀처럼 접근할 수 없는 것이 되어버린다. 이는 하루하루 주어진 시간을 잘 이용했느냐, 허송세월을 보냈느냐에 따라 갈린 것이다. 시간관리를 잘할 때 인생의 승리자가 될 수 있다.

반성하는 시간을 가져보아라. 반성하는 사람은 닥치는 일마다 이로운 결과를 낳는다. 남의 허물만 탓하는 사람은 생각이 움직일 때마다 스스로 자신을 해치는 선행의 길을 여는 창과 악행의 근원이 되는 칼이 된다. 양자 사이에는 하늘과 땅만큼 차이가 있다. 또한 매일 반성하는 시간을 가지면서 자아성찰을 한다면 더욱 성숙하고 발전하는 모습을 발견하게 될 것이다.

날마다 새롭게 살자. 새로운 달은 새로운 시작이며, 마찬가지로 매일도 새로운 시작이다. 가버린 날에는 더 이상 미련을 두지 말라. 얼마나 오랜 세월 살았는지는 중요하지 않다. 그것들은 모두 끝나고 지나가버린 시간이다. 새날은 완전히 새로운 것이다. 매일 스스로 자기계발을 위한 일을 조금씩 해보자. 매일 특별한 일을 한 가지씩 해보자. 그러면 하루는 새로운 발견과 기회로 충만해질 것이다.

8. 건강관리는 생의 의무다

건강은 대단히 중요한 것임을 누구나 안다. 그런데도 분주한 일상에 치여 그 관리를 소홀히 하고 만다. 무엇보다도 귀중하지만, 평상시 푸대접하기 일쑤인 건강! 다시 점검해볼 일이다. 건강관리를 잘

하느냐 못 하느냐의 여부가 인생의 성공 여부를 결정짓는다는 것을 명심하자. 힘들더라도 매일매일 꾸준히 운동을 해야 한다.

9. 노력하고 또 노력한다

노력은 항상 이익을 가져다준다. 노력은 인생을 절대로 배신하지 않는다. 그만큼의 대가를 반드시 지급해준다. 성공이라는 보너스도 가져다준다. 비록 성공하지 못했을지라도 최소한 깨달음을 준다. 성공하지 못한 사람의 공통점은 게으름에 있다. 게으름은 인간을 패배하게 만드는 주범이다. 성공하고 싶다면 먼저 게으름을 극복하라. 당장 내일부터 15분 일찍 출근하고 30분 늦게 퇴근하자.

10. 좋은 습관의 씨앗을 뿌린다

긍정적인 사고, 아이디어, 제안, 기회, 꿈을 갖고 언제나 그 절호의 기회를 탐색해야 한다. 깨어 있는 매 순간 행동하고, 질문하고, 전화하고, 약속하고, 메모하면서 무슨 일이든지 하라. 긍정적인 사고로 일 속에 좋은 습관의 씨앗을 뿌려라. 그것이 곧 성과라는 좋은 열매로 맺힐 것이다.

 기회는 모든 사람에게 찾아오지만, 그것을 잘 활용하는 사람은 많지 않다. 비관론자들은 모든 기회에 숨어 있는 문제를 보고, 낙관론자들은 모든 문제에 감추어져 있는 기회를 본다.

성공하는 사람의 5가지 좋은 습관

1. 성공하는 습관을 길러라. 성공을 원한다면 성공하는 습관을 내 것
으로 만들어야 한다. 습관에는 실로 놀라운 힘이 숨어 있다.

2. 긍정적인 사고를 가져라. 어떤 문제이든 해결책을 찾다 보면 반드
시 길이 열림을 믿어라. 긍정적인 사고는 위기를 기회로 바꿀 힘이
된다.

3. 자신을 조절하라. 좋은 습관을 지니려면 자신을 잘 조절할 줄 알아
야 한다. 억지로 무리하기보다는 자연의 섭리에 따르자. 그런 태도
를 지닌다면 좋은 습관이 나쁜 습관을 몰아낼 수 있을 것이다.

4. 기본에 충실하라. 모든 일의 성공 밑바탕에는 기본이 견고하게 깔
려 있다.

5. 목표를 세우고 그 목표를 향해 전진하라. 목표를 정확히 정하고, 과
감히 나아간다면 성공에 도달할 수 있을 것이다.

TIP

성공하는 사람의 5가지 좋은 마음

1. 매력을 가꾸어라. 늘 미소를 머금고 긍정의 마인드로 행복한 자기
   연출을 한다면 매 순간 좋은 마음이 생겨날 것이다.

2. 타인에게는 너그럽게, 자신에게는 엄격하게 대하라. 자신에게 엄격
   하고 타인에게 너그러울수록 인간관계는 그만큼 더 깊고 넓어진다.
   무엇보다 상대를 배려하면 좋은 마음을 갖게 된다.

3. 좋은 기분으로 일하라. 일을 잘하는 방법을 간파하고 그것을 내 것
   으로 만들어야 한다. 좋은 마음을 가지려면 좋은 기분으로 일하는
   법을 알아야 한다.

4. 잘된다는 확신을 가져라. 좋은 마음을 가지려면 모든 게 잘되리라
   는 확신이 필요하다. 좋은 이미지를 구축하고, 긍정적인 것들에 눈
   을 돌릴 수 있다면 좋은 마음은 자연스럽게 생긴다.

5. 작은 일부터 시작하라. 큰일도 중요하지만 부담 없이 할 수 있는 작
   은 일부터 시작하라. 작은 일은 쉬이 마음에 활력을 불어넣어준다.

Chapter 4

모든 일에
예절을
전제하라

신뢰관계를 만들어가는 첫걸음은
바로 서로를 배려하고 존중하는 마음에서 출발한다.

예절도
경쟁력이다

생각을 어떻게 하느냐에 따라 천국과 지옥은 실상이 된다. 천국과 지옥은 어떤 초과학적 공간에 있는 것이 아닌, 바로 우리의 인생에 있는 것이다. 다음은 인도의 설화 일부다.

한 사람이 지옥 구경을 갔다. 먹을 것도 마실 물도 없을 거라고 생각한 지옥에 들어가니 마침 식사 시간이었다. 밥상에는 놀랍게도 음식이 풍족했다. 그런데도 지옥의 사람들은 모두 피골이 상접하고 얼굴에는 살기가 등등했다. 그는 왜 그런가 하고 자세히 보았다. 그들의 팔은 곧아서 그 음식을 집어 자기의 입에 넣을 수 없기 때문이었다. 음식은 없는 것만 못했다.

그는 그다음으로 천국 구경을 갔다. 밥상 위의 음식은 지옥의 것과 별반 차이가 없었다. 그는 그들의 팔을 보았다. 놀랍게도 그들의 팔 역시 구부러지지 않았다. 그런데 그들은 살이 올라 있었고, 얼굴마다 평화롭고 행복한 빛이 흘렀다. 그는 그 이유를 자세히 들여다보았다. 그들은 음식을 집어 자기 입으로 가져가지 않고 마주 앉은 사람의 입에 대신 넣어주었다.

많은 사람이 오해하는 것이 있다. 자기만의 행복을 추구하면 자신은 행복해질 것이라고 생각하는 것 말이다. 그러나 이런 사람들은 결국 불행한 삶을 살게 된다. 세상사에서 자신이 우선이지만, 그럼에도 남을 생각해주고 남을 배려해줄 때 똑같은 대접을 받을 수 있다. 결국 자기 주변을 천국으로 만드느냐, 지옥으로 만드느냐는 오직 자신의 마음에 달려 있다.

직장이라는 세상도 마찬가지다. 자신만 알고 자신만 살겠다고 처신하는 이기적인 사람은 결국 직장을 지옥으로 만들게 된다.

즐겁게 일할 수 있는 회사로 만들기 위해서는 직장에서도 예절이 필요하다. 직장 내에서의 예절 의식 부족은 생산성 저하는 물론 여성 성차별 같은 여러 문제를 야기한다. 직장에서의 예절은 남을 배려하고 존중하는 마음에서 출발한다. 예절이 직장 내에 뿌리내리면 업무 환경이 명랑해진다. 이는 힘든 직장생활을 좀 더 즐겁고 신명나게 만드는 바탕이 된다. 직장인들의 올바른 예절은 그래서 중요하다.

 예절은 모든 인간관계의 친밀도를 향상시킨다. 예절을 일상화하라. 그러면 내 편을 담보하는 인간관계가 더욱 확장될 것이다.

사람들이 싫어하는 이미지

무시하는 사람
멍청한 사람
쓸모없는 사람
게으른 사람
성급한 사람
방해하는 사람
우유부단한 사람
눈치 보는 사람
이기적인 사람

타인들의 눈에 비친 당신의 이미지는?

5가지
예절전략

1. 다른 사람에게 예절을 지켜라

앵무새가 아무리 말을 잘한다고 해도 새일 뿐이고, 원숭이가 아무리 흉내를 잘 낸다 해도 역시 짐승일 뿐이다. 아무리 훌륭한 말을 하더라도, 사람으로 갖추고 있어야 할 예절이 없다면 앵무새나 원숭이와 다를 바가 없다. 사람에게 왜 예절이라는 것이 필요한지 항상 생각하고 실천해야 할 것이다.

2. 예절을 통해 사회적 친밀도를 향상시켜라

예절이 갖는 힘을 체득하면 두 배의 가치가 돌아온다. 예절에는 사람과 사람 사이에 지켜야 할 도리만 있는 것이 아니다. 지켜야 할 도리를 다하는 것도 중요하지만 자신이 할 일에 대하여 책임감을 갖고 최선을 다하는 자세 또한 필요하다. 겉으로만 예절을 지킬 게 아니라 내재적으로 도리를 다해야 한다. 이것이 진정한 예절이다.

3. 아랫사람에게도 예절을 지켜라

지위와 덕망이 높은 사람을 두려워하듯이 지위와 덕망이 낮은 사람도 두려워할 줄 알아야 한다. 사람은 속성상 비천한 상대일수록 업신여기기 십상인데, 그 결과는 자신의 성품을 나쁘게 할 뿐이다. 윗사람에게 하는 예절은 당연시하면서, 아랫사람에게 하는 예절을 불편해하는 것은 문제가 있다. 이는 이중인격자의 성품을 드러내는 것일 뿐이다.

4. 자기계발을 하듯 올바른 예절에 힘써라

타인을 감동시키려면 우선 자기부터 감동하지 않으면 안 된다. 그렇지 않으면 아무리 그럴듯해 보이는 작품일지라도 감흥이 없다. 예절도 마찬가지이다. 자기 마음에서 우러나오지 않는 예절은 타인과 인간적 교감을 불러일으킬 수 없다. 자기계발에 정진하는 자세가 예절에도 필요하다. 예절이란 스스로를 낮추어 남을 존경하는 것이기 때문이다.

5. 즐거운 마음을 가지도록 노력하라

재산과 건강, 이보다 더 중요한 것은 정신이다. 모든 풍요를 가져오는 것과 병을 극복하려는 의지도, 재정적으로 곤란한 시기를 이겨내는 것도 정신을 통해서이다. 개성 있는 사람은 언제나 좋은 친구를

만들며, 주위의 지지를 얻는다. 이것이야말로 성공과 부와 행복에
이르는 확실한 왕도이다. 그 기본에 예절이 있다.

조직에 몸담고 있다면 그 집단을 대표한다는 자세를 가지고 있어야 한다. 그 자세
는 우선 예절로 대변된다. 예절을 제대로 지키지 않으면 자기 소속 집단의 이미지
를 훼손하는 결과를 야기한다.

직장인의 예절 행동
23가지 방법

1. 인사의 기본예절

모든 일을 축복의 인사로 시작하라.

① 아침에 복도에서 마주치는 상대방에게는 목례한다. 목례는 허리를 15° 정도 구부려 가볍게 한다. 내방객에게나 상대를 기다리게 했을 때는 30° 정도의 각도로 상대방을 보고 나서 한다. 상대방에게 실례되는 행동이나 폐를 끼쳤을 때는 45° 정도의 각도로 인사한다.

② 인사는 제자리에 서서 하는 것이 기본이다. 아무리 바쁘더라도 걷는 도중 스치듯 하는 인사는 자제하자. 예의 없어 보이기 때문이다.

2. 직장 기본예절

4S 원칙을 명심하라.

① 스마트(SMART) : 남에게 혐오감을 주지 않는 단정한 차림새를 말한다.

② 스마일(SMILE) : 자기 한 사람의 찡그린 표정으로 남의 기분을 상하거나 직장 분위기가 어두워져서는 안 된다.

③ 스피드(SPEED) : 고객·상사·동료의 부름에 바로 응대하고, 업무를 부여받았을 때는 신속히 실행한다.

④ 신서러티(SINCERITY) : 무슨 일이든지 최선을 다하며 말보다 행동을 중요시한다.

3. 좋은 첫인상

두고두고 사용할 수 있는 투자가 바로 좋은 첫인상 주기이다.

① 만나서 헤어질 때까지 상대방의 눈을 보며 대화하라. 눈을 피하는 행동은 자칫 소극적이고 무능력하다는 첫인상을 남긴다.

② 만났을 때와 헤어질 때 힘을 실어 악수한다. 손끝을 대충 잡고 흔들지 말고 상대의 손을 3초 정도 단단히 잡고 하는 것이 강한 첫인상을 남기는 방법이다.

③ 말하기보다 더 많이 들어라. 상대방의 말에 귀 기울이는 것만으로도 후한 첫인상의 점수를 딸 수 있다.

4. 청결 유지

청결한 외모는 가장 비용이 저렴한 자기 광고 수단이다.

① 얼굴·손·발 등 청결한 신체뿐만 아니라, 누구에게나 건강한 모습을 보이는 게 중요하다.

② 담배, 구취 등 나쁜 냄새가 나지 않도록 항상 좋은 채취를 유지한다.

③ 머리 손질을 바르게 한다. 짧고 단정한 머리라도 손질을 게을리하면 남의 눈에 부정적으로 보이기 쉽다.

5. 옷차림

때로는 옷차림이 모든 것을 말해준다.

① 고려해야 할 사항은 T(Time)·P(Place)·O(Occasion), 즉 때와 장소 그리고 행사 내용에 걸맞은 옷차림이다.

② 단정한 옷차림은 자기 외모 관리의 제1순위다. 작업복이나 제복을 착용할 때에도 규정대로 입는 것이 중요하다.

③ 아무리 좋은 옷차림이더라도, 상의에 단추가 떨어졌다거나 하의에 주름이 많이 잡혀 있다면 게으르다는 인상을 줄 수 있다.

6. 표정관리

자기 표정도 아름답게 개발해야 한다.

① 미소는 타인의 적극적인 관심을 이끌어내고 자신 또한 편안하게 해준다. 미소로 긴장을 줄이고 자기 의중을 남에게 들키지

않을 수도 있다.

② 활기찬 표정을 위해 얼굴 근육을 올리고 연습을 한다. 수시로 많이 웃는 게 도움이 된다.

③ 거울을 들여다보면서 표정을 다양하게 만들어보고 자신에게 맞는 멋있는 표정을 찾아 꾸준히 연습한다.

7. 행동양식

직장인의 몸가짐은 회사의 얼굴이다.

① 자신의 몸가짐에서 모든 일이 잘되고 있다는 긍정적인 사고와 희망적인 기대가 묻어나도록 노력한다.

② 책상 위에 엎드려 있는 자세, 턱을 받치고 있는 자세, 의자에 등을 쭉 뻗고 누운 것처럼 앉는 자세는 삼가고, 항상 올곧은 자세를 취하도록 노력한다.

③ 허리와 등을 곧게 펴고 자신감 넘치는 걸음걸이만으로도 활력 넘치는 인상을 줄 수 있다.

8. 목소리 화장법

목소리는 자기 의사를 전달하는 수단일뿐더러 무형의 명함이다.

① 톤이 지나치게 높아 신경을 거슬리는 목소리, 아기처럼 어리광이 밴 목소리, 짜증 섞인 목소리, 입 안에서 우물거리는 목소리 등은 당장 고쳐야 한다.

② 말을 할 때 항상 등을 곧게 펴고 가슴을 올리고, 배에 힘을 주

어 집어넣는 자세를 취한다면 자신감 넘치는 목소리를 만들 수
있다.

③ 너무 작게 하는 말투, 끝소리가 잦아드는 말투는 자신의 의사
표현이 불분명해지기 쉬우므로 반드시 고친다.

④ 정확한 발음에도 신경을 쓴다. 신문 사설을 큰 소리로 정확하
게 읽는 연습이 도움된다.

9. 회의 에티켓

회의야말로 능력을 발휘할 절호의 기회다.

① 자기주장만 고집하거나 흥분하는 것을 삼가고, 다른 사람의 감
정을 상하게 하는 인신 공격성 언행은 절대 하지 말라.

② 말만 길게 하는 회의는 능률적일 수 없다. 회의 목적을 명확히 하고 회의 자료를 사전에 배포하여 능률적인 회의를 이끌어야 한다.

③ 다른 사람의 의견을 인정해주고 칭찬하는 데 인색해서는 안 되며, 회의장 입장 후 부득이한 경우를 제외하고는 자리를 뜨지 않는다.

10. 대화의 에티켓

대화 방향은 자신만의 일방향이 아니라 언제나 양방향임을 반드시 명심하라.

① 대화 중 고개를 이따금 천천히, 깊게, 의도적으로 끄덕여 보인다면 다른 사람들에게 자신감 있고 활력 있고, 품위 있는 사람으로 비춰질 것이다.

② 대화에 제스처를 적절히 활용한다. 칭찬하는 백 마디 말보다 눈앞에서 엄지를 치켜세워 보여주는 것이 훨씬 효과적일 수 있다.

③ 대화할 때는 전적으로 상대에게 전념하라. 이야기하면서 자주 시계를 보거나 다리를 떨거나 창밖에 시선을 두는 행위는 상대를 무시하는 인상을 주기 쉽다.

11. 듣기

대화의 절반은 듣는 것이라는 것을 유념하라.

① 남의 말을 건성으로 듣는 것은 결국 잘 듣고 배울 수 있는 기회를 잃는 것이다.

② 말하는 사람의 얼굴 표정과 몸짓을 지켜보며, 상대방의 이야기에 적극적으로 참가하려고 노력한다.

③ 상대방과 상반되는 의견이 생각나더라도 상대방의 의견이 마무리될 때까지는 참을성 있게 기다렸다가 말을 끊지 않고 이야기한다.

12. 상사의 지시 대응

상사의 지시에는 적극적으로 대응한다.

① 상사에게 지시를 받을 경우 끝까지 경청하며 요점을 기록하되, 요점을 간단히 최종 복창하여 확인을 받으며 기록한다.

② 지시를 받고 나면 요구 사항을 신속히 파악하여 일의 순서를 정하고, 계획을 수립, 적극적으로 실행하면서 진행 상황과 결과에 대한 보고를 잊지 않는다.

③ 상사의 지시에 대한 의견이 있을 때는 상사의 입장을 이해하되, 겸허한 마음으로 근거가 되는 자료를 구비하여 솔직하게 의사를 표명한다.

13. 거절의 요령

거절할 때에도 거절 예의가 필요하다.

① 거절할 것이라면 가능한 한 빨리 상대에게 알리고, 그 이유를

확실히 밝힌다.

② 다른 사람을 통하거나 쓸데없는 변명으로 상대방의 자존심을 상하게 하지 않는다.

③ 여러 사람 앞에서 거절하는 것은 금하고, 거절한 뒤에는 다른 일로 도울 기회를 찾는다.

14. 음주 예절 3가지 방법

음주 예절 첫 번째 : 술자리가 항상 좋을 순 없다. 그러나 피할 수 없다면 차라리 즐겨라.

① 술을 마시지 않더라도 술자리에는 참석하는 것이 좋다. 술자리에서는 격의 없는 대화가 가능한 법이며 특히 한국 사회에서의 술자리는 회사 내 정보 소통의 장이기도 하기 때문이다.

② 술자리를 거절할 때, 컨디션이 좋지 않다거나 술 마실 기분이 아니라는 따위의 말은 상대방을 무시하는 듯한 표현이므로 피하는 것이 좋다. "선약이 있어 동행하기 곤란합니다", "모처럼 좋은 기회인데 며칠 전부터 해놓은 약속이 있습니다. 죄송합니다"하는 식으로 상대방의 기분을 상하게 하지 않는다.

음주 예절 두 번째 : 술자리 예절도 직장인의 성공전략 중 하나다.

① 술자리에서는 칭찬만 하라. 앞에 놓고 하는 인신공격이나 없는 사람에 대한 험담은 오히려 자신의 됨됨이에 의심을 사게 된다.

② 설령 "술 마실 때는 격의 없이 탁 터놓고 마시자"고 윗사람이

얘기했다 하더라도 상사에게는 깍듯함을 잃지 않는다.

③ 술자리에서 회사나 상사의 욕을 하는 것만큼 겉치레의 말을 하는 것도 좋지 않은 인상을 심어줄 수 있다.

④ 술자리에서 술 힘을 빌려 하는 시비는 무의미하다는 것을 명심하라.

음주 예절 세 번째 : 때로는 술자리가 끝난 후에 더 많은 일이 생기기도 한다.

① 절대 만취하지 않는다. 만취 중에 고객이나 상사 앞에서 저지른 한 번의 실수는 영원한 오점이 될 수도 있다는 점을 명심하라.

② 술 마신 다음 날은 절대 지각이나 결석을 하지 않는다. 특히 여럿이 함께 마셨는데 혼자 지각이나 결석을 했을 때는 '자제력이 없는 사람'으로 찍힐 수 있으므로 주의한다.

15. 전화 예절 2가지 방법

전화 예절 첫 번째 : 전화를 한 고객도 눈앞에 있는 고객과 같은 고객이라는 점을 잊지 않는다.

① 전화벨이 울리면 가급적 신속하게 수화기를 들고, 부득이 늦게 응대했을 경우 "기다리게 해서 죄송합니다"라는 간단한 인사말을 건넨다.

② 상대방의 용건에 대하여 최대한 경청하여 다시 말하게 하는 일이 없도록 노력한다.

③ 즉시 답변할 수 없는 사항을 물어왔을 경우 다시 전화드린다고 대답한 후 신속하게 확인하고, 확인 즉시 전화한다.
④ 중요 용건은 반드시 메모하는 습관을 들인다.

전화 예절 두 번째 : 전화를 걸 때의 습관도 매너를 드러내는 것이므로 조심한다.
① 상대방의 전화번호를 정확히 확인한 후 다이얼 하고, 상대방이 수화기를 들면 바로 자신의 신분을 밝힌다.
② 자신 또는 회사에 관한 호칭은 '저', '저희', '저희 회사'를 사용한다.
③ 일방적으로 이야기를 하는 행위는 삼간다. 그리고 전달 내용이 길 경우 "지금 통화 가능하십니까?" 하는 식으로 이해를 구하고 시작한다.
④ 수화기는 조용히 내려놓도록 하며, 전화 건 쪽이 먼저 끊는 것이 전화 예절의 원칙이다.

16. 여성 직원에 대한 예절

남녀가 함께 해결해야 할 성 역할에 대한 문제다.
① 여성의 외모에 관한 말은 입 밖에 내지 말라. 용모나 패션 등에 대한 칭찬도 때로는 역효과를 불러일으킬 수 있다.
② 여성과 남성의 성역할에 대해 차이를 두고 말하지 않는다. 술자리에서 하는 여사원에 대한 언동이나 평가는 특별히 주의를

기울여야 한다.

③ 남성과 마찬가지로 여성 또한 성 역할에 대한 차별을 잊어야
한다. '난 여자니까 괜찮겠지?' 하는 식의 발상은 스스로의 가
치를 떨어뜨린다는 점을 명심하라.

17. 근무 예절

자신의 근무 태도를 항상 체크하고 개선한다.

① 일일 계획에 따라 업무 진행 및 계획 실행, 평가를 생활화한다.

② 고객 앞에서는 다른 직원과 잡담을 하지 않도록 하며, 사무실
에서 머리를 빗거나 화장을 고치는 등의 일을 삼간다.

③ 상점 세일즈맨이나 필드 세일즈맨은 대중 앞에서 껌을 씹는 행
위나 지나친 향수 사용을 삼간다.

18. 타 회사 방문 시 매너

방문한 회사에서 자신이 회사 이미지의 전부라는 점을 잊지 말라.

① 방문 전에 사전 약속을 한다. 방문 일시를 정할 때에는 반드시
상대방의 편리한 시간으로 하며, 약속 하루 전쯤 꼭 재확인을
한다.

② 아침 출근 시간, 점심식사 전, 퇴근 시간 직전 등의 시간은 방
문을 피한다.

③ 응접실에서 대기해야 할 경우 상석에 앉지 않되, 상석에 앉기

를 권유받았을 때는 그쪽으로 옮긴다.

④ 기다리고 있는 동안 왔다 갔다 하면서 서성대거나 응접실 안의
  물건을 만지지 않는다.

⑤ 약속한 사람이 들어오면 일어서서 인사한다.

19. 접대 매너

상대의 입장을 고려하지 않은 접대는 안 하느니만 못하다.

① 지나친 강요는 접대가 아니다. 우리나라의 경우 손님 접대 시
  유난히 술을 권하는 경우가 많은데, 술을 좋아하지 않는 상대
  에게 지나치게 권유하면 손님을 곤혹스럽게 만들 수 있다. 상
  대방이 부담을 갖지 않을 정도로 청하는 것이 옳은 매너이다.

② 술자리에서의 기본예절을 반드시 지키며, 사양도 어느 정도로
  만 하는 것이 좋다.

③ 접대 자리에서 말하는 험담이나 소문은 반드시 다른 누군가가
  듣고 있다고 생각하라.

20. 국제 예절

무엇보다 한국인이라는 긍지를 가지고 당당하게 대하라.

① 특히 외국인은 시간 개념이 철저한 경우가 많으므로 약속 시간
  을 꼭 지키도록 한다.

② 악수는 상대의 눈을 바라보고 미소 지으며 허리를 곧게 펴고
  손을 마주 잡는 것이 좋다.

③ 명함을 적극적으로 활용하여 자신을 알리며 만약 영문 명함을
  준비하지 못했을 경우 자신의 이름과 전화번호 등을 알아볼 수
  있도록 표기해준다.

21. 공과 사의 구분

공사의 구분을 확실히 한다.

① 회사의 상품이나 비품 등은 업무를 벗어나 개인을 위해서 사용
  하지 않으며, 외근이나 출장 중에 개인 용무를 보는 것을 자제
  한다.

② 서류를 복사한 후, 잘못되어 버릴 경우라 있더라도 외부인의
  손에 들어가지 않도록 폐기 처분하여 기밀 보안을 철저히 한다.

③ 사사로운 전화 사용은 가급적 자제한다. 걸려온 전화가 사적일
  경우, 용건만 간단히 하고 끊는다.

22. 출근 예절

출근 시간이야말로 하루 업무의 시작이다.

① 출근 도중 직장 상사, 선배, 동료 등과 마주쳤을 때는 고개 숙
  여 인사하되, 너무 큰 소리로 인사하여 여러 사람 앞에서 쑥스
  러운 입장이 되게 하지 않는다.

② 출근할 수 있는 정도의 몸 상태라면 아무리 아프더라도 출근하
  는 것이 신뢰성을 얻는 좋은 방법이다.

③ 간단하게 볼 수 있는 도서를 휴대하거나 경제지를 읽는 등, 출

근 시간을 헛되이 보내지 말고 자기계발의 시간으로 활용한다.

④ 최소한 근무 시작 10분 전까지는 자리에 앉아 일할 자세가 되
도록 하며, 지각을 하거나 사무실에 급히 뛰어 들어가는 일이
없도록 한다.

23. 퇴근 예절

퇴근하는 데도 예절이 필요하다.

① 퇴근 준비는 근무 시간이 끝난 후에 하며, 지나치게 서두르는
인상을 남기지 않도록 조심한다.

② 책상과 사무실을 정리 정돈하고, 부득이한 경우가 아니라면 컴
퓨터의 전원을 반드시 끈다.

③ 상사나, 동료, 선배보다 먼저 퇴근해야 할 경우 퇴근 인사를 명
확하게 한다.

 배려하는 자세와 말은 호감과 함께 신뢰감을 쌓는 좋은 도구다. 즐거운 직장 만들
기의 가장 큰 전제 조건으로 회사와 구성원들 사이에 신뢰관계가 구축돼야 한다.
그 첫 번째 도구가 예절이다.

직장인이 알아야 할 5가지 에티켓

1. 자기소개를 할 때 나이, 성별, 지위를 고려해야 한다. 하급자가 상급자에게 자기소개를 먼저 하고 어린 사람이 나이가 많은 사람에게 먼저 자기소개를 하는 것이 예의이다.

2. 남성이 여성에게 먼저 자기소개를 하고 사회적으로 지위가 낮은 사람이 지위가 높은 사람에게 먼저 자기소개를 해야 한다. 자기소개를 할 때 소개받은 사람은 일어난다.

3. 만나러 간 사람이 들어올 때 방문한 사람은 자리에서 일어서야 한다. 여자가 들어올 때 남자는 자리에서 일어나고 나이 든 여자가 들어오면 젊은 여자도 자리에서 일어난다. 여자가 먼저 청하지 않는 한 먼저 여자에게 악수를 청하지 않는다.

4. 외모 및 옷차림을 단정히 한다. 껌 씹기, 진한 향수 사용을 삼간다. 또한 음식을 소리 내서 먹지 않는다.

5. 음식점이나 극장에 들어갈 때 질서를 지킨다. 여자와 아이들에게 우선적으로 양보한다.

직장인이 꼭 알아야 할 8가지 예절

1. 직장인의 방문 인사 예절
① 인사는 반드시 서서 한다.
② 인사를 받으면 반드시 화답한다.
③ 상대를 보면서 하고 형식적인 인상을 주지 않도록 한다.
④ 방문할 때에는 상대방에게 방문할 날짜와 시간, 목적 등에 대해 미리 양해를 얻는다.

2. 직장인의 명함 전달 예절
① 먼저 인사를 하고 악수를 한 다음에 전달한다.
② 명함은 상대의 가슴 높이로 제시한다.
③ 방문한 사람이 먼저 명함을 상대에게 준다.
④ 여러 사람이 방문했을 때는 상급자부터 명함을 준다.

3. 직장인의 악수 예절
① 연장자, 상사, 여자에게는 먼저 청하지 않는다.
② 연하자나 부하에게 먼저 청한다.
③ 상대의 눈을 보고 악수하면서 말을 한다.

4. 직장인의 외출 예절
① 자리를 비울 때는 행선지를 미리 알린다.
② 귀사 예정 시간을 보고한다.
③ 자리를 비웠을 때 예상되는 일에 대해 상사 및 동료에게 알리고 업무가 처리되도록 한다.
④ 복귀했을 때는 반드시 상사에게 보고한다.
⑤ 보고한 시간보다 지연될 때는 현재의 소재, 업무 진행 사항을 상사에게 보고한다.

5. 직장인의 휴가 예절
① 휴가를 갈 때는 상사에게 직접 또는 구두 보고를 한다.
② 장기간 휴가를 갈 때는 기간 중 종종 연락한다.
③ 휴가는 업무 일정을 확인한 다음 신청한다.
④ 휴가는 사전에 승인을 받고 간다.

6. 직장인의 상사 예절
① 부하 직원은 상사의 명령을 따르고, 입장을 존중하고 예의를 갖춰야 한다.
② 정해진 보고, 지시 사항 등은 꼭 실행해야 한다.
③ 상사로부터 주의를 듣거나 꾸지람을 들을 때는 일단 순응하며 듣는 것이 직장 예절의 원칙이다.
④ 상황은 설명하되, 변명은 하지 않는다.

7. 직장인의 업무 지시 예절

① 직속 상사가 아닌 다른 상사로부터 업무 지시를 받으면 자신의 직속 상사에게 보고를 한 후 시행한다.

② 상사가 지시할 때는 메모지를 자지고 가서 지시 사항을 기록하고 다시 확인한다.

③ 업무가 지연될 때는 반드시 중간보고를 한다.

④ 상사에게 충분한 자료를 준비해서 보고한다.

8. 직장인의 회의 예절

① 상대방의 의견을 존중하고 다른 사람의 말을 경청한다.

② 자신의 업무와 관련이 없는 회의라도 다른 행동을 해서는 안 된다.

③ 회의에 참석할 때는 수첩 등 메모할 도구를 지참한다.

④ 회의와 관련된 자료를 충분히 검토하고 준비한다.

Chapter 5

자신을
경영하라

지금은 자기 경영의 시대다.
나의 가치는 나 스스로 높여야 한다.

01

자신을
어떻게 경영할 것인가?

　무슨 일에서나 흔들리지 않는 결단만큼이나 기개 있는 사람을 만들어내는 요인은 없다. 장차 큰 인물이 되기를 원하는 사람은 수많은 반대와 패배에 직면할지라도 그런 장애를 극복하려는 굳은 심지를 지녀야 한다.

　미국 콜로라도주 스프링스 근처에 있는 아주 좁고 험악한 산길은 자동차가 도저히 지나갈 수 없을 것 같은 길이다. 이 산길에 들어서면 푯말 하나가 눈길을 끈다.

　'넘어갈 수 있다.'

　이 푯말을 본 운전자들은 어떻게 넘어갈 것인가에 대해 궁리를 한다. 그리고 갈 수 있다는 신념으로 노력하다 보면 운전자들은 그 험악한 산길을 넘을 뿐만 아니라 어느새 목적지까지 이른다.

　신속하고 정확하게 판단하여 결단을 내릴 수 있는 사람이 되어야

한다. 결단은 자신의 신념을 바탕으로 할 때 내릴 수 있는 것이다. 어떤 일을 진행하는 데에서 이도 저도 아닌 흐지부지한 상태로 결단하기를 미룬다면 결국 시간만 낭비하는 꼴이 된다. 평소 신속하고 정확한 결단을 내릴 수 있도록 자기 신념을 가지는 것은 물론, 결단을 내릴 수 있도록 자신을 훈련시켜야 한다.

자기 자신이 스스로를 경영하는 것이다. 넘느냐, 넘지 못하느냐는 바로 자신이 스스로를 어떻게 경영하느냐에 따라 정해진다.

지금은 자기 경영의 시대다. 자신의 가치는 자기 스스로 높여야 한다. 치열한 경쟁 시대를 살고 있는 요즘, '나'라는 상품을 세상에 어떻게 파느냐에 따라 성공 여부가 갈린다. '나'를 싸구려가 아닌, 고가로 팔고 싶다면 먼저 자신의 능력을 키워야 한다. 자신이 해야 할일이 무엇인가를 정확히 파악하여 그 일에 최선을 다하는 것이 능력을 키우는 지름길이다.

요즘 '자기 경영'이라는 화두에 직장인들의 관심이 매우 높다. 성공적으로 자기 삶을 살아왔던 사람들에게 자기 경영이란 이미 하나의 생활이다. 자기 경영이라는 거창한 타이틀을 달지 않아도 스스로를 관리하는 것이 하나의 습관이 되어버린 상태이다.

경쟁이 심하지 않던 시절, 자기 경영은 일부 성공한 사람만이 관심을 가지는 영역이었다. 그러나 어느 조직에서도 어느 누구도 보호해주지 않는 무한 경쟁의 이 시대에서, 사회인이라면 누구나 자기 경영이라는 주제를 자신의 문제로 삼지 않으면 안 된다. 요컨대 자기 경영은 생존을 가능케 하는 핵심 키이다.

 하루하루를 정신없이 끌려가는 수동적 삶이 아니라 자기 주도적으로 이끌어가는 주체적 삶을 살아야 한다. 삶의 주인은 바로 나 자신이다.

작은 동산을 오를 것인가,
에베레스트산을 오를 것인가?

자기 경영을 위한
7가지 전략

1. 분명한 목표를 가져라

뚜렷하지 않은 목표가 아닌, 분명한 목표를 가져라. 이 목표가 구체적이고도 확실한 것이 될 때까지 갈고닦아라. 이 목표는 계속적으로 적극적인 생각과 믿음이 필요하다. 분명한 목표가 설정되면 그것을 위해 적극적으로 행동해야 한다.

2. 목적지를 향해 힘차게 발을 내딛어라

한 걸음 한 걸음 그 자체에 가치가 있어야 한다. 큰 성과는 가치 있는 작은 일들이 모여 이룩된다. 그러므로 실속 있는 성과를 얻고자 한다면 한 발 한 발, 매 발짝에 충실을 기해야 한다. 한편, 어제의 힘과 오늘의 힘 그리고 내일의 힘은 달라지게 마련이다. 그렇기에 목적지를 향해 나아가면서 발을 내디딜 수 있는 힘을 수시로 확인해야 한다.

3. 효율적으로 자신의 일을 관리하라

모든 성장에는 활동이 필요하다. 노력하지 않으면 육체와 정신 모두 성장을 기대할 수 없다. 노력이란 일에 열성을 다하는 것이다. 열성을 다할 때 일을 잘 마무리할 수 있다. 일을 훌륭하게 해내지 못한다면 지성 있는 인간이 되지 못한다. 제구실하는 사람도 되지 못한다. 조직 발전은 조직원 각자가 훌륭하게 일을 잘해내는가 여부에 달려 있다. 따라서 효율적으로 일을 관리하고 있는지, 업무 진행을 하는 데에서 개선할 점은 없는지를 확인하고 노력하는 자세가 필요하다.

4. '나'라는 상품의 질을 점검하라

숲에서는 나무가 많으니 땔나무가 팔리지 않고, 물가에서는 물고기가 많으니 물고기가 팔리지 않는다. 상식적으로 물건이 많은 곳에서 같은 물건을 파는 것은 어리석은 짓이다. 지금 '나'라는 상품의 질은 어떤가? 과연 세상에 팔 만한가? 지금 '나'라는 상품이 비즈니스 세계에서 경쟁력 있는 상태인지 냉철하게 점검해봐야 한다.

5. 자기 이익만 추구하지 말고 봉사하라

봉사하면 어떻게든 보상을 받는다. 그게 세상 이치다. 선행은 절대로 사라지지 않는다. 예절을 뿌리는 자는 우정을 거둔다. 친절을 심는 자는 사람들을 추수한다. 감사할 줄 아는 마음에 즐거움을 심는 것은 절대로 헛수고가 아니다.

6. 부족한 것을 보충하라

부족한 것이 있다면 채워라. 어떤 능력이 부족하여도 다른 방법으로 유능하게 된 예는 얼마든지 있다. 공부를 못했기 때문에 운동 방면으로 나가 성공한 이도 있고, 일신의 사정으로 대학 중퇴 뒤 상업계로 나가 큰 상점의 주인이 된 이도 있다. 지금 부족한 것을 보충하고 있는가? 핵심역량을 업그레이드하고 있는가? 어제의 자신과 오늘의 자신은 차별화되어야 한다.

7. 새로운 방식으로 변화하라

오늘날은 광적이다 싶을 정도로 기술 혁신에 목을 매고 있다. 지금 세상은 급격히 달라지고 있다. 이러한 시대 흐름 속에서 이제 비즈니스는 새로운 방식으로 운용될 것이다. 사람들 또한 새로운 방식으로 변화할 것이다. 기업이 변하듯 개인도 변해야 한다. 요컨대 세상이 요구하는 인재, 경쟁력 있는 전문가로 거듭나기 위해 끊임없이 자신을 혁신하라.

 지금은 누구도 나를 보호해줄 수 없는 시대이다. 오직 나만이 나를 보호해줄 수 있다. 그러니 지금부터 '자기 주식회사'를 운영해보자. 최고경영자의 마인드로 전략과 전술을 체계적으로 세워 자기 경영을 해보자. 이것이 나를 살릴 생존법이다.

자기 경영을 실천하는
22가지 방법

1. 회피하려는 자세를 버린다

어떤 일을 추진하면서 문제가 발생했을 시, 일단 위기를 모면하기 위해 그 일에서 벗어나려는 태도를 버려야 한다. 문제가 터지면 그 일의 문제점을 신속히 파악하고 문제 해결을 위한 대응책을 가동하여 일을 잘 마무리해야 한다.

2. 현상 유지에 급급해하지 않는다

현상을 유지하며 일을 끝내려는 것은 자기 발전을 저해하는 결과를 초래한다. 타인들의 의견을 존중하여 그 의견을 포용하고, 항상 호기심과 탐구심을 가지고 창조한다는 마인드로 혁신적인 변화를 꾀해야 한다.

3. 무사안일주의를 배격한다

사람은 지위가 올라감에 따라, 나이가 들어감에 따라 자신이 속한 조직에서 보수적인 포지션을 취하려는 경향이 있다. 이제까지 살아오면서 자신이 얻은 것을 하나도 놓지 않으려 하기 때문이다. 이는 가정에서도 문제겠으나, 특히 사회에서는 더욱더 큰 문제다. 새로운 것을 받아들이려 하지 않고 그저 현상을 유지하려고만 하는 '무사안일주의' 등으로 인해 결국 조직에 큰 위기를 불러오기 때문이다.

이런 보수적 성향에 빠져들게 되면 더는 성장하지 못한다. 당연히 조직에 큰 마이너스, 무거운 짐으로 전락한다. 더욱 심각한 문제는 정작 본인은 전혀 이런 사실을 눈치채지 못한다는 점이다. 오히려 자신이 꽤 유능하다고 착각하며 나르시즘에 빠진다. 새로운 시도를 전혀 하지 않으므로 주위 사람과 마찰도 발생하지 않으며, 예전과 같은 수준의 성과도 그럭저럭 낼 수 있겠지만, 그러면 그럴수록 조직 전체는 점차 활력을 잃게 된다.

관습과 습관에 따라 어떤 일을 처리하면 쉽고 편하다. 반대로 새로운 방법을 시도하려고 하면 머리도 몸도 힘들다. 그래서 대부분의 사람은 쉽고 편한 길을 선택하여 습관적으로 작업하는 데 만족한다. 하지만 이렇게 해서는 조직과 개인 모두 지속적인 성장을 기대할 수 없다. 평소 '어떻게든 잘되겠지', '큰일이야 생기겠어?' 하는 생각을 해왔다면, 이제 이러한 안일한 생각을 확실히 잘라버리자.

4. 지금 서 있는 곳이 일터임을 안다

지금 현실에서는 '평생 일터'라는 개념이 점점 사라지고 있다. 그렇기에 지금 위치해 있는 곳이 바로 일터다. 원하지 않는 곳에서 생활하고 있는가? 부서를 옮기는 것도 모자라 지방으로 발령을 받았는가? 그렇다면 새로운 업무를 익혀 능력을 업그레이드할 기회라고 생각하라.

5. 상대방이 원하는 것을 확실하게 준다

상대가 원하는 것이 무엇인지 정확히 파악하기 위해 노력해야 한다. 상대에게 원하는 것을 주면 상대로부터 내가 원하는 것을 얻을 수 있다. 이를 위해서는 교섭 능력과 아이디어가 필요하다. 특히 아이디어는 상대가 원하는 것을 제대로 파악해 구현해야 한다. 아이디어라고 해서 머릿속에 생각으로만 가지고 있어서는 아무런 소용이 없다. 그 어떤 대가도 돌아오지 않는다. 중요한 것은 상대가 원하는 실질적인 것의 간파이다.

6. 나의 가치를 나 스스로 높인다

누구의 눈치도 볼 필요 없다. 소신대로 행동하며 자신이 해야 할 일이 무엇인가를 파악하여 최선을 다하라. 자신이 하고 있는 일에서 지속적인 만족감을 얻고 수입을 확실히 올릴 방법은 결국 자기 가치를 높이는 길뿐이다. 철저한 자기 경영을 통한 능력 배양과 자신만의 매력을 갖추는 것이야말로 자신이라는 상품의 가치를 높이는 방법이다.

7. 긍정적 자세를 가진다

스스로 어떻게 생각하고 임하느냐에 따라 일의 결과는 천지 차이다. 긍정적으로, 적극적으로 일을 한다면 성공은 한 발 더 성큼 자신 앞으로 다가올 것이다. 반대로 부정적으로, 소극적으로 일을 한다면 그 일의 결과는 불 보듯 뻔할 것이다.

8. 전략적 사고와 행동을 습관화한다

노력하는 것도 좋고, 좋은 습관을 자신의 것으로 만드는 것도 좋다. 여기서 잊지 말아야 할 것이 있다. 장기적이고 일관성 있는 목표 달성을 이루기 위해서는, 자신을 둘러싼 외부 환경에 대하여 철저한 이해가 필요하다. 그리고 자신의 자원과 능력에 대한 객관적 평가도 필요하다. 특히 전략적 사고와 행동이 습관화되지 않으면 모든 일에서 좋은 결과를 기대할 수 없다.

9. 필요 없다면 과감히 버린다

정리를 제대로 하지 못하는 사람들이 있다. 어떤 사람의 컴퓨터에 보면 엄청난 자료가 있다. 그러나 정리가 제대로 안 되어 정작 필요한 자료를 활용하지 못하고, 필요한 자료를 찾아내지도 못하니 저장 공간만 낭비하는 셈이다. 지금 필요 없는 것은 과감하게 버리자. 꼭 필요한 것만을 남겨 즉각 활용할 수 있게 만들자.

10. 성공한 사람들의 삶을 간접적으로라도 산다

사람은 직접적으로 모든 것을 다 배울 수 없다. 그래서 간접적으로 배우기 위해 책, 인터넷, 여러 매체를 활용한다. 특히 책을 통한 간접적 경험은 매우 효과가 높은 편이다.

11. 원론적인 것부터 공부한다

공부를 많이 한다고 하지만 정말로 필요한 것은 제대로 배우지 않는다. 많은 사람이 자신의 목표를 제대로 설정하지 못한 채 여러 가지를 배우고 있으나 삶의 의미나 목적의 앎은 소홀히 한다. 중요한 공부는 '세상을 어떻게 살 것인가?'에 대한 것과 '나는 지금 어디에 있고, 어디로 가고 있는가?'에 대한 것이다.

12. 시간을 관리하며 계획을 세운다

만약 오늘 하루를 헛되이 보냈다면 그것은 커다란 손실일 것이다. 하루를 유익하게 보냈다면 하루의 보물을 얻은 게 될 것이다. 하루를 헛되이 보냄은 자신을 헛되이 소모한 것에 지나지 않는다. 우리는 제한적 인생을 살고 있다. 따라서 시간을 관리하고 그에 따라 계획을 세워야 한다.

13. 건강을 관리한다

사람의 몸은 여분이 없으므로 자신이 괴롭거나 슬퍼도 운동 한 가지는 꾸준히 하고 잘 먹어두어야 한다. 건강은 모든 일의 바탕이 된다. 행복도, 성공도, 부도 건강을 잃은 상태에서는 의미 없다.

14. 자기 투자를 한다

누구든 다리를 움직이지 않고는 좁은 길조차 건널 수 없다. 소원과 목적은 있으나 노력이 따르지 않으면 아무리 환경이 좋아도 전혀 소용이 없다. 비록 재주가 뛰어나지 못하더라도 꾸준히 노력하는 사람은 반드시 성공을 거두게 마련이다. 지금 얻고 싶은 것이 있거든 그 원하는 것의 가치에 걸맞은 노력을 하라. 세상에 대가 없이 얻을 수 있는 것은 아무것도 없다.

15. 첫인상에 신경 쓴다

어떤 사람을 만나서 좋은 첫인상을 남길 기회는 그리 많지 않다. 대개 첫인상은 만난 지 15초 만에 결정된다고 한다. 그렇기에 첫인상을 좋게 남기기 위해서는 사전에 준비를 많이 해야 한다.

16. 타인의 결점을 찾지 않는다

사람은 때때로 남의 결점을 드러냄으로써 자신의 존재를 돋보이려고 한다. 그러나 그렇게 함으로써 자신의 결점도 노출시킨다. 어리석은 사람은 남의 결점을 찾는 반면, 지혜로운 사람은 타인의 장점 발견에 애쓴다. 남에게서 결점을 찾으려고 하지 말고 장점을 찾아라. 또한 자신의 결점을 홍보하여 동정받기보다는 자신의 장점을 적극적으로 활용하여 능력 있는 사람으로 인정받아라.

17. 즐겁게 일한다

그림을 그리든, 노래를 부르든, 조각을 하든, 무슨 일을 하든 즐거움을 위하여 하라. 비록 굶주릴지라도 가장 사랑하는 일을 하라. 명예를 바라고 일하는 사람은 자주 그 목적을 잃는다. 돈을 위하여 일하는 사람은 자기 영혼과 돈을 바꾼다. 순수하게 일을 위하여 일하라. 그러면 명예와 돈은 자연히 따라올 것이다.

18. 모든 일에 능동적이고 적극적으로 임한다

사람은 일어나 있는 시간의 반을 일로 소비한다. 따라서 일이 즐겁지 않으면, 그 인생은 불행할 수밖에 없다. 일이 재미있으면 긍정적인 현상들이 딸려온다. 고뇌를 잊을 수 있고, 어느 날인가는 승진·승급도 실현될 수 있고, 스트레스도 최대한 조절할 수 있고, 훨씬 더 즐거운 여가 시간을 보낼 수 있다. 현재 하고 있는 업무에 대하여 마지못해 하는 것이 아니라 능동적이고 적극적으로 임하라. 그러면 모든 게 긍정적으로 변할 것이다.

19. 밑바닥부터 다시 시작한다

가장 높은 곳에 올라가려면 가장 낮은 곳에서부터 시작해야 한다. 그 어떤 큰일도 아주 작은 일에서 출발한다. 바빌론의 웅장한 신전을 건축하는 일도 벽돌 한 장을 쌓는 것에서 비롯되었다.

20. 디지털 마인드로 무장한다

변하지 않는 한, 이미 가지고 있는 것 말고는 아무것도 얻을 수 없다. 아날로그 시대에서 디지털 시대로 가고 있다. 따라서 그에 걸맞은 디지털 마인드도 필요하다. 옛날의 아날로그 방식을 고집한다면 다른 사람보다 능률이 떨어질 뿐만 아니라 새로운 정보를 받아들이는 데 어려움을 겪을 것이다.

21. 만남을 소중히 한다

상대가 불성실하게 한다고 그와 똑같은 태도로 대응한다면 인간관계는 망가질 수밖에 없다. 상대가 아무리 매너가 없더라도 상대방을 실제보다 더욱 뛰어난 사람인 듯 대한다면 더 나은 인간관계를 기대할 수 있다. 만남을 통한 인연은 향후 어떻게 될지 아무도 모른다.

22. 마음을 새롭게 무장한다

마음이 어두우면 세상이 모두 어둡게 보이게 마련이다. 마음의 눈을 뜨면 길이 열릴 것이다. 훌륭한 사람들의 혜안을 가슴속에 품고 세상을 다시 보라. 그렇게 마음을 새롭게 무장하고 다시 시작하라.

 무한 경쟁 시대에서 살아남으려면 수시로 자기 자산을 점검해야 한다. 일하기에서의 열정 발산과 휴식하기에서의 재충전이 균형을 이루어야 한다. 이에 대한 노력을 소홀히 한다면 자산은 한순간 붕괴될 것이다.

TIP

자기 경영의 5가지 원칙

1. 희망을 오래도록 간직한다면, 청춘도 오랫동안 간직할 수 있다. 반면, 절망을 오래도록 간직한다면, 인생은 바로 늙어버릴 것이다.

2. 자신감을 오래도록 간직한다면, 청춘도 오랫동안 간직할 수 있다. 반면, 두려움을 오래도록 간직한다면, 인생은 바로 늙어버릴 것이다.

3. 신념을 오래도록 간직한다면, 청춘도 오랫동안 간직할 수 있다. 반면, 타락의 마음을 오래도록 간직한다면, 인생은 바로 늙어버릴 것이다.

4. 정열을 오래도록 간직한다면, 청춘도 오랫동안 간직할 수 있다. 반면, 냉담한 마음을 오래도록 간직한다면, 인생은 바로 늙어버릴 것이다.

5. 창의력을 오래도록 간직한다면, 청춘도 오랫동안 간직할 수 있다. 반면, 생각하지 않는 머리를 오래도록 간직한다면, 인생은 바로 늙어버릴 것이다.

TIP

자신을 개선하는 10가지 방법

1. 스트레스는 바로 풀어야 한다. 스트레스가 쌓이면 무기력해지면서 삶의 활력을 잃어버린다.

2. 일을 실행하기 전에 최소한 세 번 이상 생각하고 결정하라. 그러고는 그 결정에 따른 실행은 신속히 하라.

3. 문제가 있다면 그 원인을 파악하고 잘못된 것을 개선하는 데 주저하지 말라.

4. 한 사람의 지혜보다 열 사람의 지혜가 낫다. 문제가 발생했을 때 다른 사람들과의 상담을 주저하지 말라.

5. 하루를 시작하는 아침을 감사의 마음으로 받아들여라. 새로운 하루를 시작할 수 있다는 것을 신의 선물로 여겨라.

6. 고정관념에서 탈피하라. 혁신적 아이디어는 고정관념을 탈피하여 새로운 시각으로 사물을 바라보았을 때 도출된다.

7. '할 수 없다'는 부정적 생각에서 '할 수 있다'는 긍정적 생각으로 전환하라. 생각에는 놀라운 힘이 있어 생각하는 대로 결과가 나온다.

8. 세상으로부터 얻는 만큼 남에게 베풀어라. 남에게 베푼 선행은 보람을 줄뿐더러 그것이 다시 돌아와 삶을 행복하게 해준다.

9. 타인의 의견과 충고를 불편해하지 말라. 타인이 의견을 내거나 충고를 하는 것은 애정이 있기 때문이다.

10. 작은 것을 이루었을 때 스스로에게 축배를 권하며 기쁨을 누려라. 최종 목표에 도달하기 전, 작은 성공의 기쁨은 끝까지 목표를 향해 나아갈 힘을 준다.

Chapter 6

건강을
관리하라

우유를 마시는 사람보다
배달하는 사람이 더 건강하다는 말이 있다.
규칙적인 운동보다 더 좋은 보약은 없다.

지금 직장인들이
위험하다

직장인들이 위험하다. 다들 건강에 관심을 갖고 있지만 사회적, 환경적 요인 때문에 실질적으로는 건강관리를 제대로 하지 못한다. 그래서 직장인들은 과로의 결과인 육체적인 피로와 정신적인 피로에 치여 산다. 직장인들은 고강도 작업과 오랜 시간의 근무, 그리고 불규칙한 생활을 반복하고 있다. 이 때문에 한번 쌓인 피로는 쉽게 회복되지 않아 일의 능률 저하를 가져온다.

당연한 말이지만 건강해야 무슨 일이든 할 수 있다. 직장인이라면 건강에 주의를 기울이면서 자신에게 맞는 운동을 꼭 해야 한다. 아무리 뛰어난 사람이라도 건강에 이상이 생기면 자기 능력을 다 발휘하지 못한다. 건강을 지키지 못하면 자신이 불행해지는 것은 물론 주위 사람까지도 불행하게 만든다.

어느 날 불현듯 찾아오는 질병은 인간으로서 어쩔 수 없다. 그러나 평소 운동을 안 하는 등 몸을 제대로 관리하지 못해 건강을 잃는다면 그것은 순전히 자신의 탓이다. 이는 자신의 삶에 충실하지 못한 결과다. 삶을 충실하게 살고자 한다면 우선 건강을 지켜야 한다.

거듭 강조한다. 건강해야 그 어떤 일도 할 수 있다. 인생은 단거리 경주가 아닌 장거리 경주이다. 자기 분야에서 성공하려면 긴 인생을 두고 초조해하지 않고 끈기 있게 일해 나아갈 힘을 키워야 한다. 그렇게 하기 위해서는 일과 운동, 그리고 휴식을 적절히 균형 있게 조절하지 않으면 안 된다.

 건강은 무엇으로 유지할 것인가? 먼저 올바른 식습관을 가진다. 식사 거르지 않기, 편식하지 않기 등의 목표를 세우고 실천하자. 또한 적절한 운동을 통해 건강을 유지하고, 체력을 증진시키자. 정기적인 건강검진을 하고 문제가 발견되면 신속하게 처방하여 항상 건강 유지에 주의한다.

직장인의
건강관리 7가지 방법

1. 식생활을 올바르게 하라

하루를 제대로 생활하려면 에너지를 생성하는 음식물을 섭취해야 한다. 견딜 만하다고 해서 끼니를 거르면서까지 일하고 활동하는 것은 자제해야 한다. 당장은 해가 되지 않지만 그런 생활이 지속되면 결국 자신도 모르는 사이에 건강을 해치고 만다. 건강을 위해서는 먼저 올바른 식생활을 해야 한다. 되도록 끼니를 거르지 말고, 식사할 때는 영양소를 골고루 섭취하라.

2. 수분을 충분히 섭취하라

인체는 절반 이상인 70퍼센트가 수분으로 이루어져 있다. 음식을 먹지 않아도 며칠은 살 수 있지만 물을 마시지 않고는 하루도 견디기 힘들다. 수분이 원활하게 보충되지 않는다면 소변이나 땀을 통해 배출되는 각종 노폐물도 배출되지 않는다. 물은 아침에 일어나 공복 때 2컵 정도 마시는 것이 가장 좋다. 또한 식사할 때는 소화에 방해가 되므로 많은 물을 마시지 않는 것이 좋다. 스트레스를 받을 때 물을 마시는 것도 스트레스 해소를 위한 방법이다.

3. 휴식과 수면을 충분히 취하라

피곤해서 잠을 자야 하는 것이 아니라 하루를 지내는 동안 지친 몸을 풀어주고 내일을 위한 에너지를 충전하기 위해 잠을 자야 한다. 잠은 무조건 많이 잔다고 해서 좋은 것은 아니며 정해진 시간에 숙면을 취하는 것이 중요하다.

4. 매사 긍정적 생각을 하며 스트레스를 적절히 해소하라

부정적 생각으로 하루를 시작하는 사람은 일을 하면서도 좋은 결과를 기대하기 힘들다. 그런 성향은 가정과 회사의 분위기도 어둡게 만든다. 아침에 눈을 떠 즐거운 마음으로 일어나 세상을 보라. 만나는 사람마다 웃는 얼굴로 먼저 인사를 해보자. 그런 긍정적 행동으로 하루를 맞이하면 호르몬 분비를 촉진시켜 마음이 밝아지고 몸도 가볍게 되며 스트레스를 받지 않게 된다. 스트레스는 모든 질병을 일으키는 원인이 된다. 그런 스트레스를 술, 담배, 카페인으로 다스리면 오히려 건강에 악영향을 미친다. 긍정적 사고방식으로 생활하며, 스트레스를 받으면 효과적으로 해소할 자신만의 방법을 찾아라.

5. 배설을 적절히 하라

과유불급, 무엇이든지 많이 가지고 있으면 탈이 생기게 마련이다. 우리의 몸도 마찬가지이다. 너무 많이 먹기만 하고 이를 제대로 배설하지 못하면 병이 생긴다. 따라서 음식을 적절히 섭취하되, 건강한 배변 습관을 들이자.

6. 맑은 공기를 마셔라

우리는 무의식적으로 공기를 마시고 이산화탄소를 배출한다. 맑은 공기를 깊이 들이마심으로써 세포와 뇌에 산소를 공급하여 체내 활동을 활발하게 하는 것이 좋다. 그러기 위해서는 담배 같은 것은 최대한 자제해야 한다. 담배는 자신뿐만 아니라 주위의 공기를 오염시켜 다른 사람에게까지 해를 끼친다. 가끔 산이나 바다를 찾아 깨끗한 공기를 많이 들이켜 폐 속에 있는 노폐물을 정화시키는 것이 좋다.

7. 규칙적인 운동을 하라

우유를 마시는 사람보다 배달하는 사람이 더 건강하다는 말이 있다. 건강을 위해서는 규칙적인 운동보다 좋은 보약은 없다.

 한 가정의 가장으로서, 그리고 사회의 한 부분을 책임지고 있는 사람으로서 건강 지키기를 소홀히 해서는 안 된다. 건강을 지키는 것은 살아 있는 날까지의 절대적 의무이다.

직장인 건강관리를 위한
10가지 실천법

1. 과도한 일은 삼간다

성공을 위해 자기 스스로를 강하게 채찍질하는 것도 중요하지만 그 때문에 스트레스와 긴장이 겹쳐 도리어 건강에 문제가 생기고 정신적 공황에 빠지는 것을 피해야 한다. 일에서 성공했다고 해도 건강을 해치는 사람은 결국 실패자라고 할 수 있다. 건강을 해쳐 일을 할 수 없게 된다면, 이는 자신의 삶을 실패작으로 만드는 것과 다르지 않다.

2. 자신에게 맞는 적절한 운동을 한다

정신적·육체적 긴장을 푸는 데 가장 확실한 방법은 자신에게 알맞은 운동을 하는 것이다. 적절한 운동은 자신의 몸에 활력을 주며 피로해진 신경들을 풀어준다. 중요한 것은 운동을 하면서 운동을 놀이로 생각해야 한다는 것이다. 놀이는 놀이일 뿐이다. 놀이를 무슨 대단한 도전이나 과제로 생각하고 임한다면 도리어 피로와 긴장의 원인이 될 것이다. 이런 식의 운동이라면 시간에도, 건강에도 마이너스일 뿐이다.

3. 충분한 휴식을 취한다

일을 열심히 하는 것도 필요하지만 때때로 휴식이 필요하다는 것을 알아야 한다. 무조건 일만 한다고 좋은 결과가 담보되는 것은 아니다. 휴식은 정신적 동요를 진정시키며 삶의 활력을 재충전해주는 역할을 한다.

4. 잠의 소중함을 안다

자신에게 맞는 최적의 수면법을 체득하라. 몸에서 잠을 자라는 신호를 받았을 때는 하던 일을 멈추고 잠자리에 들도록 한다. 잠을 이루기 전에 마음을 가라앉히고 잡념을 떠올리지 않도록 하라. 만약 떠오르는 생각이 중요하다면 메모를 하여 기록으로 남기고 그 내용을 바로 잊어버리도록 노력한다. 숙면이 최고의 보약이다.

5. 정신 건강에도 주의를 기울인다

열정과 의지는 바로 건강한 육체에 의해 힘을 얻는다. 많은 것을 알고 있고 성공하는 전략을 가지고 있어도, 건강이 뒷받침되지 않아 일을 추진할 수 없다면 결국 아무 일도 할 수 없다.

6. 나이가 들수록 건강관리에 신경 쓴다

세월 앞에 장사 없다. 나이 문제 앞에서는 누구나 공평하다. 나이를 먹어 중년기에 접어들면 세포는 감소하고 근육들은 탄력이 없어지고 포화지방이 축적되어 몸은 비대해지고 각종 합병증의 원인이 된다. 그러므로 항상 건강관리에 신경 써야 한다.

7. 음식에 주의를 기울인다

먹는 음식 중 얼마나 많은 독이 되는 음식을 섭취하고 있는가? 이런 문제의식을 가지고 있지 않다면 독이 되는 음식으로 자신의 위장을 가득 채울 수도 있다. 또 얼마나 불규칙하고 과다하게 음식을 섭취하고 있는가? 현대인들은 너무 불규칙하게, 그리고 과식한다. 음식의 양을 줄이고 되도록 규칙적인 식사를 할 수 있도록 주의를 기울여라.

8. 자신을 가꾸고 관리한다

청결하고 단정한 외모는 바른 정신을 가질 수 있게 해준다. 타인에게 좋은 인상을 줄 수 있음은 물론이다. 이는 건강을 유지하는 데에도 아주 중요한 요소가 된다.

9. 새벽 운동을 한다

건강을 유지하기 위해 남들보다 일찍 일어나 운동을 하는 것도 좋다. 당장 시작할 수 있는 운동을 선택하자. 무리를 주지 않으면서 꾸준히 지속적으로 실천할 수 있는 운동이 적격이다.

10 지속적으로 경계한다

담배, 술, 독이 되는 음식, 불규칙한 식생활, 운동 부족으로 인한 비만 등을 항상 경계해야 한다. 건강한 성생활과 올바른 수면을 가지도록 노력하라. 교통사고 등 안전사고에 대해서도 조심하라. 건강검진을 통해 자신의 건강상태를 주기적으로 체크하고, 올바른 생활 습관을 가지자.

 건강의 중요성은 백 번을 강조해도 지나치지 않다. 건강해야 무슨 일이든 할 수 있다. 건강에 주의를 기울이면서 자신에게 맞는 운동을 하라. 건강을 잃으면 모든 것을 잃음을 명심하라.

스트레스를 극복하는
5가지 실천법

1. 스트레스의 원인을 파악한다

스트레스는 만병의 근원이다. 제일 좋은 방법은 스트레스를 받지 않도록 하는 것이지만 사회가 점점 더 다양화, 복잡화되어감에 따라 외부로부터 오는 스트레스는 더욱 가중되고 있는 실정이다. 여기에 사회의 변화에 따라 스트레스의 내적 요인도 점점 더 커지고 있다.

스트레스 원인은 크게 신체적 스트레스와 정신적 스트레스로 나눌 수 있다. 운동, 과로, 통증 등 신체적 스트레스는 쉽게 원인을 알고 해소할 수 있다. 문제는 정신적 스트레스이다. 단발성 스트레스는 신체적 스트레스와 마찬가지로 쉽게 해소될 수 있지만 장기간 지속되는 스트레스는 원인을 파악하기 어려울뿐더러 원인을 안다고 해도 쉽게 해소할 수 있는 것들이 아닌 경우가 많다. 따라서 자신의 스트레스 원인을 정확히 파악하는 게 중요하다.

2. 스트레스의 예방과 해소가 중요하다

스트레스의 해소 방법도 중요하지만, 더 중요한 것은 스트레스를 받았을 때의 태도이다.

① 스트레스를 예방하는 방법 중 하나는 긍정적이고 적극적으로 사는 것이다.

② 지나간 일에 집착하지 않고 되도록 현실에 충실히 임한다. 지나간 일을 후회하고 집착한다고 해서 달라지는 것은 없다.

③ 운동을 한다. 운동은 건강은 물론 사람의 기분을 좋게 해주는 효과가 있다.

④ 긍정적 마인드로 생활하다 보면 즐거운 마음을 가질 것이고, 한편으로는 여유를 가질 수 있게 된다. 전혀 스트레스를 받지 않을 수는 없지만 그 강도는 현저하게 낮아질 것이다.

3. 조직 내 인간관계를 긍정적으로 만든다

조직에서 느끼는 스트레스는 상당히 높다. 조직생활이 힘든 것은 주어진 업무보다는 그 조직 내의 인간관계 문제 때문이다. 조직에서 비롯된 스트레스를 줄이기 위해서는 우선 조직 내 인간관계를 긍정적으로 만들어야 한다.

① 조직 내에서 동료들에게 긍정적 이미지를 심어주어야 한다. 만약 부정적 이미지가 박혀 있다면 스트레스는 더욱 가중될 것이므로 이미지 쇄신에 노력을 기울인다.

② 타인을 긍정적으로 대한다. 타인을 부정적으로 대하면 그 부메

랑이 그대로 돌아온다.

③ 타인을 칭찬할 때, 추상적 칭찬이 아니라 구체적으로 칭찬하는 것이 더 효과적이다. 빈말처럼 하는 칭찬은 안 하는 게 낫다.

④ 타인들을 내 편으로 만들고자 한다면 먼저 그들 편에 서는 노력이 필요하다. 인간관계는 '윈윈'의 관계를 형성했을 때 오래 지속될뿐더러 서로의 이익도 커진다.

⑤ 실수를 했다면 그대로 인정한다. 실수를 인정 안 하고 타인을 비판하기만 한다면 상대는 자연히 멀어질 것이고 적이 될 것이다.

4. 스트레스의 강도를 조절한다

스트레스는 아무리 피하려고 해도 받게 마련이다. 그렇기에 중요한 것은 그 강도를 조절하는 것이다.

① 스트레스를 받는 것보다 더 큰 문제는 강도가 강한 스트레스를 그냥 방치하는 것이다. 할 수 있는 한 스트레스를 풀어야 한다.

② 스트레스를 방치하다 보면 그 스트레스들이 쌓여 나중에는 통제 불능의 상태가 된다. 그래서 스트레스는 그때그때 최대한 풀어줘야 한다.

5. 스트레스를 해소할 최적의 방법을 찾는다

스트레스 조절법은 다양할 것이다. 자신에게 무리를 주지 않으면서 해소할 방법은 스스로 찾아내야 한다.

① 혼자 조용히 있을 수 있는 장소를 마련하라. 잠잠히 자신을 돌아보는 것만으로도 스트레스가 많이 감소한다.

② 스트레스를 덜 받으려면 자신을 존중하는 자세를 가져야 한다. 열등감과 비하감을 가지고 있다면 사소한 일로도 스트레스를 받게 마련이다.

③ 산이나 바다에 가서 마음껏 소리를 질러라. 마음속에 있는 말을 후련하게 내뱉으면 스트레스가 많이 감소된다.

④ 완벽을 바라지 않는 삶의 태도와 낙관적인 세계관을 갖도록 노력한다. 사람은 완벽할 수 없다. 완벽을 바란다면 결국 스트레스만 쌓일 것이다. 완벽을 바라기보다는 최선을 다하는 자세가 중요하다.

⑤ 최선의 자신을 만들려는 자세를 견지한다. 열심히 노력하는 사람은 스트레스를 덜 받는다. 그러나 게으름을 피우고 꾀를 부리는 사람은 결국 그런 자세 때문에 스트레스를 더 받게 된다. 최선을 다하고 최선의 자신을 만들려는 노력을 평소에 기울이도록 하라.

⑥ 메모하는 습관을 가져라. 인간의 기억에는 한계가 있고, 또한 잘 잊어버린다. 자꾸 잊어버린다면 그것도 스트레스의 요인이 될 것이다.

⑦ 무리한 일정은 조절하라. 계획을 세우고 열심히 노력하는 것도 중요하지만 그보다 더 중요한 것은 무리하게 일정을 잡지 않는 것이다. 무리한 일정은 당연히 스트레스의 요인이다.

⑧ 너무 여유 없이 자신을 다그치지 말라. 여유를 가지고 실천하는 삶의 태도를 가져야 스트레스를 줄일 수 있다. 또한 양보의 미덕을 생활에 가져가자. 양보는 삶을 여유롭게 만든다.

⑨ 웃음을 잃지 않는다. 웃음은 스트레스를 푸는 최고의 도구이다.

⑩ 모르는 것은 즉시 질문하라. 모르는 것을 알지 못하고 지나간다면 다시 그 일에 직면했을 때는 당연히 스트레스를 받게 된다. 창피할지언정 모르는 것을 분명히 알고 지나가는 것이 정신건강에 더 좋다.

⑪ 혼자의 힘으로 해결하기 곤란한 것은 타인과 의논하라. 혼자 끙끙대면 스트레스만 쌓일 뿐이다. 한 사람의 지혜보다 여러 사람의 지혜가 더 좋은 결과를 이끌어냄을 명심하라.

스트레스는 그 누구도 피할 수 없다. 가벼운 스트레스가 사람을 각성시키는 좋은 역할을 하기도 한다. 그러나 과도한 스트레스는 사람을 피곤하게 할 뿐만 아니라 심한 경우 삶을 파멸로 몰고 가기도 한다. 그러므로 스트레스는 절대 방치 금물이다.

직장인을 위한 5가지 운동법

1. 직장인이 중시해야 할 것은 무엇보다 실행 마인드이다. 규칙적인 생활의 실천과 건강을 위한 환경을 조성하려는 마음을 가져야 한다.

2. 규칙적인 식사, 건강한 마음가짐, 지속적인 운동, 확실한 금주·금연 등을 실천한다. 그리고 충분한 수면, 적절한 휴식을 취하는 것이 직장인의 건강관리에서 무엇보다 중요하다.

3. 운동이 건강에 도움을 준다는 것을 알면서 대부분의 사람이 하지 못하고 있다. 그렇다고 운동을 무리하게 하면 도리어 건강을 해치거나 심지어 불의의 사고를 당할 수도 있다. 따라서 나에게 맞는 적당한 운동을 찾아 계획적으로 하는 게 필요하다.

4. 운동을 꾸준하게 하되, 무리는 하지 않는다. 그러나 무리를 하지 않는다며 너무 느슨하게 하면 운동 효과를 얻을 수가 없다. 중요한 것은 적절한 운동량 설정이다.

5. 지금까지 별다른 운동을 하지 않았다면 가벼운 운동부터 시작하라. 운동을 하지 않다가 갑자기 무리를 하면 오히려 몸이 상한다.

스트레스를 극복하는 12가지 방법

1. 규칙적인 운동을 통해 쌓인 스트레스를 땀과 함께 흘려보내라. 땀을 흘릴 정도로 운동을 하면 기분 전환이 되면서 스트레스가 해소된다.

2. 먼저 자신이 스트레스를 받는 원인을 찾아내 예방한다.

3. 무조건 자신의 감정을 자제하거나 표출하려고 하지 말고 상황을 받아들여라. 그리고 그 속에 머물면서 자신의 모습을 들여다보라.

4. 스트레스를 많이 받으면 불면증으로 이어진다. 이는 다시 스트레스를 불러일으키는 악순환으로 작용한다. 따라서 잠시 모든 것을 잊고 숙면한다.

5. 편안한 마음을 가지고 명상을 통해 호흡과 맥박을 조절하여 스트레스에 대한 즉각적인 반응을 억제한다.

6. 누구의 방해도 받지 않는 가운데 하고 싶은 일을 할 수 있는 나만의 공간을 가져라.

TIP

7. 가슴을 활짝 펴고 좋은 시를 소리 내어 읽거나 큰 소리로 노래를 불러라.

8. 하기 싫고 부담이 되는 일은 잠시 잊고, 하고 싶은 일이나 쉬운 일로 기분을 전환하라.

9. 항상 긍정적으로 생각하고, 많이 웃어라.

10. 일찍 자고 일찍 일어나는 습관을 가져라. 조금만 일찍 일어나면 여유 있는 하루를 맞이할 수 있다. 스트레스에서 벗어나고자 한다면 아침에 10분 일찍 일어나 마음을 가다듬고 명상의 시간을 가져라.

11. 하루 일과를 체계적으로 세워라. 하루를 아무 생각 없이 시작하지 말고 시간별 계획을 세워 그 계획대로 행동하라.

12. 가벼운 책을 틈틈이 읽으면서 마음을 안정시켜라. 자투리 시간조차도 낭비하지 말고 책을 통해 알차게 활용하라.

Chapter 7

인간관계를
디자인하라

세상은 혼자 살아갈 수 없다.
다른 사람들과 더불어 생활할 때
삶은 비로소 풍요로워진다.
타인들과 희로애락을 공유하며
그들과의 유대를 친밀히 할 때,
삶은 점점 더 행복해진다.

좋은 인간관계는
새로운 세상을 열어준다

반초는 중국 후한 초기 시대의 무장이다. 그는 2대 황제인 명제 때 지금의 신강성 타림 분지 동쪽에 위치한 신선국에 사신으로 다녀오는 등 중요한 역할을 수행했다. 그는 끊임없이 활약한 끝에 서쪽 오랑캐 땅의 50여 나라를 복속시켜 한나라의 위세를 크게 떨쳤다. 그는 그 공으로 4대 황제 때인 영원 3년에 지금의 신강성 위구르 자치구의 고차에 설치되었던 서역도호부의 도호가 되어 정원후에 봉해졌다. 도호의 임무는 한나라의 도읍 낙양에 왕자를 인질로 보내어 복속을 맹세한 서역 50여 나라를 감독, 사찰하여 이반을 방지하는 것이었다.

영원 14년, 반초는 별다른 실수 없이 소임을 다하고 귀국했다. 그를 이어 후임 도호로 임명된 인물은 임상이었다. 임상은 부임 인사차 반초를 찾아와 이런 질문을 했다.

"서역을 다스리는 데 유의할 점은 무엇입니까?"

반초는 이렇게 대답했다.

"자네 성격이 너무 결백하고 조급한 것 같아 그게 걱정이네. 원래 '물이 너무 맑으면 큰 물고기는 살지 않는 법'이지. 마찬가지네. 정치 또한 너무 엄하게 하며 서두르면 아무도 따라오지 않네. 그러니 사소한 일은 덮어두고 대범하게 다스리게나."

그러나 임상은 반초의 말을 귀담아듣지 않았다. 묘책을 듣고자 했던 기대와는 달리 이야기가 너무나 평범했기 때문이다. 임지에 부임한 임상은 반초의 조언을 무시한 채 자기 소신대로 다스렸다. 그 결과 부임 5년 뒤, 6대 안제 때 서역 50여 나라는 모두 한나라를 이반하고 말았다. 결국 서역도호부도 폐지되었다.

세상은 혼자 살아갈 수 없다. 다른 사람들과 더불어 생활할 때 삶은 비로소 풍요로워진다. 타인들과 희로애락을 공유하며 그들과의 유대를 친밀히 할 때, 삶은 점점 더 행복해진다. 좋은 인간관계는 성공의 문을 열어줄뿐더러 무엇보다 삶의 즐거움을 열어준다.

인간관계의 중요성을 깨달아야 한다. 삶을 살아가는 데에서 인간관계의 중요성은 아무리 강조해도 지나치지 않다. 상대방을 위해 뭔가 해주는 것이 인간관계의 첫걸음이다. 좋은 인간관계를 맺기 위해서는 상대에게 베풀 수 있는 게 무엇인지를 파악하고 그것을 실행해야 한다. 무엇보다 다양한 연령층을 사귀고 다양한 분야의 사람들과 교제해야 한다. 좋은 인간관계를 유지하면 새로운 세상이 열린다.

인간관계가 좋아야 성공도 할 수 있다. 인간관계가 좋지 않으면 시기와 질투가 난무하므로 잘되던 일도 한순간에 그르칠 수 있다.

교향곡은 혼자서 연주할 수 없다.

좋은 인간관계를 위한
6가지 방법

1. 항상 좋은 인간관계에 최선을 다한다

인간관계를 맺고 관계가 깊어지다 보면 뜻하지 않게 그 인간관계가 위기를 맞을 때도 있다. 인간관계에서 상처를 받으면 그것을 치유하기란 상당히 어렵다. 평소 사람을 소중히 여기며 인간관계에 최선을 다하라.

2. 계속해서 상처를 준다면 저항한다

인간관계에서 유독 상처를 주는 상대가 있게 마련이다. 관계를 악화시키기 싫어 아무런 저항도 하지 않는 것은 그리 바람직하지 않다. 일시적으로는 좋을 수도 있으나 지속된다면 결국 자신만 손해이다. 그러므로 상대가 계속 상처를 준다면 저항할 필요가 없다.

3. 전직을 하기 전 먼저 인간관계의 개선을 시도한다

대부분의 사람이 전직을 하는 가장 큰 이유는 바로 인간관계의 불화 때문이다. 인간관계의 불화만큼 사람을 힘들게 하는 것도 없다. 그럼에도 전직을 하기 전에 우선 최선을 다해 인간관계의 개선을 시도해보자. 여전히 해결이 안 될 때, 그때 전직을 감행해도 늦지 않다.

4. 평상시 대화를 통해 불화를 방지한다

불통으로 신뢰가 깨질 때 인간관계는 무너진다. 평소 진솔한 대화를 많이 함으로써 불화 없는 인간관계를 유지하라.

5. 인간관계를 술(術)이 아닌, 마음으로 맺는다

성공적인 인간관계를 위해서는 인간 대 인간의 진솔한 마음 교감이 전제되어야 한다.

6. 위기 발생 시 더욱 적극적으로 밀고 나아간다

개인적 문제로 곤란을 겪을지라도 더욱 적극적인 자세로 인간관계를 맺고 유지해 나아가야 한다. 자기 문제로 인하여 인간관계를 소홀히 한다면 성공의 길은 더욱 멀어질 뿐이다. 위기가 생겼다면 더욱 적극적으로 밀고 나아가라.

 사회생활을 하면서 협업을 하다 보면 여러 인간관계가 형성되게 마련이다. 이런 다양한 인간관계를 지속적으로 확장하고 유지하는 제일의 비결은 인간 대 인간의 마음으로 다가가는 것이다.

좋은 인간관계를 실천하는
5가지 방법

1. 일반적 인간관계

① 더 깊고 더욱 넓은 인간관계를 맺고 유지하기 위해서는 상대의
단점을 감쌀 줄 알아야 한다. 상대와의 사소한 성격 차이조차
도 이해하지 못한다면 그 인간관계는 오래 유지될 수 없다.

② 상대에게 베풀 수 있는 것을 베푼다. 인간관계에서 서로 이익
을 주고받을 수 있어야 그 관계가 오래 지속된다.

③ 약속을 잘 지켜야 한다. 약속을 지키지 못하는 것은 인간관계
를 맺고 있는 사람들에게 피해를 주는 것이다. 결국 그 인간관
계는 실패할 수밖에 없다.

④ 인간관계가 깊어지고 친밀도가 높아지면 관계로 인한 일의 생
산성 또한 높아진다. 일을 잘 하기 위해서라도 인간관계를 잘
유지해야 한다.

⑤ 평상시 인간관계를 어떻게 맺고 유지할 것인가에 대해 연구하고 노력해야 한다. 인간관계는 노력의 결실이다. 누가 그냥 가져다주는 것이 아니다.

⑥ 상대의 잘못으로 불화가 생길지라도 최대한 빨리 화해하려고 노력하라.

⑦ 전문적 기술도 중요하지만 인간관계를 쌓아가는 기술도 그에 못지않게 중요하다는 사실을 안다.

⑧ 긍정적이고 적극적인 자세로 삶을 살아간다. 이런 태도는 좋은 인간관계를 불러오는 기초가 된다.

⑨ 교감은 더 깊은 인간관계를 가능하게 한다. 항상 상대를 헤아리고 배려하라. 그러면 그 인간관계에 활력이 넘쳐날 것이다.

2. 사회에서의 함께하는 인간관계

① 만남은 바로 자신을 광고하는 것이다. 따라서 만남의 폭을 넓게, 깊게 할수록 그만큼 자신을 남에게 알리는 것이라는 사실을 깨달아야 한다.

② 성공을 가져다주는 이는 주변의 사람들만이 아니다. 어떤 경우에는 주변에 있는 사람들보다도 모르는 사람들이 기회를 가져다주는 경우도 있다. 그 사실을 깨닫고 늘 열린 마음으로 사람을 대하는 자세를 취한다.

③ 만남은 결국 스스로 만드는 것이다. 어떤 사람이 사람을 소개시켜주고 인간관계를 맺게 해주었는데, 그 후 아무런 노력도

기울이지 않는다면 결국 인간관계는 유지될 수 없다. 늘 인간관계에 적극적으로 임하라.

④ 만남은 성공의 문을 여는 것이다. 누구든 남에게 인정을 받지 못하면 성공할 수 없다.

⑤ 폭넓은 만남을 통해 수많은 인맥을 형성하라. 그들로부터 정보와 지식을 얻어 성공의 기회를 잡아라.

3. 인간관계 유지

① 많은 이가 능력 있는 사람을 시기하여 헐뜯는다. 그 사람을 헐뜯으면 그 사람과의 인간관계를 맺을 가능성은 점점 줄어든다. 능력 있는 사람과 인간관계를 맺으면 배울 것이 많다. 그렇기에 능력 있는 사람을 이유 없이 헐뜯는 일은 하지 말라.

② 좀 더 친밀한 인간관계를 가지고자 한다면 우선 스스로 자신감을 가져야 한다. 인간관계에서 열등감은 아무런 도움이 되지 않는다.

③ 비판은 맞을 수도, 틀릴 수도 있다. 무턱대고 비판하는 자세는 좋지 않다. 어떤 사안이든 함부로 비판하는 자세를 삼가라.

④ 당사자가 없는 곳에서 함부로 험담하지 말라. 그 말이 이 사람 저 사람을 거쳐서 와전될 수 있기 때문이다. 있지도 않은 사람의 험담을 함부로 하다가는 인간관계에 치명상을 입을 수 있다.

⑤ 모르는 것을 아는 척하는 것처럼 꼴불견도 없다. 모르는 것은

모르는 것이다. 모르는 것이 있다면 질문을 통해 알아가라. 아는 척하는 짓은 금방 들통 나게 마련이다. 그러면 깊이 있는 인간관계 또한 물 건너간다.

⑥ 인맥을 형성하되, 파벌은 만들지 말라. 파벌 형성은 이익보다 손해를 더 가져다주기 때문이다.

⑦ 어떤 사람이든 자기의 영역을 함부로 침범하는 사람에 대해서는 경계를 하고 적의를 가지게 마련이다. 따라서 남의 영역을 함부로 침범하는 어리석은 짓은 하지 말라.

⑧ 인간관계를 철저하게 이익을 위한 수단으로만 접근한다면 역효과만 있을 것이다. 인간관계의 기본은 인간적 교감임을 절대 잊지 말라.

⑨ 허세는 헤세일 뿐이다. 허세를 부리면 순간적으로 자기 기분을 좋게 할지 모른다. 그러나 결국 인간관계에는 마이너스일 뿐이다. 인간관계에서 허세는 필요 없다. 인간관계에서 필요한 것은 진심어린 태도이다.

⑩ 돈이 사람을 속인다는 말이 있다. 금전관계를 맺을 때는 신중하게 생각하여 지킬 수 있는 범위 내에서 하라.

4. 매력 있는 인간관계

① 일은 일일 뿐이다. 일을 감정적으로 처리해서는 안 된다. 감정적으로 일을 처리하면 결국 자신에게 타격이 오게 마련이다. 공사는 구분하여 일하라.

② 변명만 하는 사람이 되어서는 안 된다. 실수를 했다면 실수를 인정하고 그 실수로 인해 생긴 문제들을 책임지고 처리하라. 변명만 늘어놓는 사람에게는 그 어떤 일도 맡기지 않는다.

③ 혼자만 열심히 일하는 것처럼 말하고 행동하는 사람이 있다. 그런 사람은 결국 따돌림을 받을 수밖에 없다. 자기가 열심히 일을 했다 하더라도 자기만 열심히 일하는 것처럼 말하고 행동하지 말라.

④ 타인을 인정할 때 자신도 인정받을 수 있다. 타인의 의견이나

행동을 무시하지 말라. 타인을 향한 무시는 반드시 부메랑이 되어 자신의 자존심에 상처를 주게 되어 있다.

⑤ 이중인격을 경계하라. 약한 사람에게는 강하고 강한 사람에게는 약한 사람이 되지 말라.

⑥ 인사를 잘하고 잘 받는 사람이 되라. 인사도 잘하지 않을뿐더러 인사를 해도 별 반응이 없다면 사람들은 당연히 싫어할 것이다. 인간관계는 아주 기초적인 것부터 지켜나갈 때 열린다.

⑦ 남을 배려할 줄 모르면 성공할 수 없다. 남을 배려할 줄 아는 사람이 되라. 특히 자기의 이익만을 위해 남의 성장을 가로막지 말라. 그리고 일이란 혼자 다 할 수 없는 것이므로 협업하라. 다른 사람들과 협력이 잘 이루어졌을 때 제대로 된 성과를 기대할 수 있다.

5 풍요로운 인간관계

① 자기 일이 아니더라도 남의 일을 위하여 시간을 내라.

② 모임을 만들고 그 모임을 위하여 주도적으로 일하라.

③ 큰 약속도 잘 지키지만 작은 약속도 늘 지켜라.

④ 타인의 작은 배려에도 고마운 마음을 가져라.

⑤ 늘 새로운 모습으로 변신하려고 노력하며 자기 능력을 업그레이드하라.

⑥ 아랫사람은 물론이요 윗사람들과도 잘 어울려 좋은 분위기를 만들어라.

⑦ 남에게 베풀기를 주저하지 말라.

⑧ 사소한 질문에도 정성을 다하여 대답하라.

⑨ 다른 사람의 뛰어난 능력을 인정해주고, 그를 향한 칭찬에 인색하지 말라.

 삶을 한층 풍요롭게 하려면 폭넓은 인간관계를 가져야 한다. 다만, 폭넓은 인간관계를 위해 무작정 계산적으로 접근한다면 그 인간관계는 금세 깨질 것이다.

좋은 인간관계의 6가지 기술

1. 상대방에게 일을 시킬 때에는 강요하지 말고 정중히 부탁하라. 자발적으로 임할 때 더 좋은 결과를 가져오는 법이다.

2. 상대방이 하고 있는 일에 대해 성취감과 소속감을 느끼도록 하라.

3. 상대방의 말에 긍정적 태도를 취하라. 사람은 자신을 좋아하는 사람을 좋아한다. 부정적인 반응을 보인다면 상대도 부정적인 반응을 보일 것이다.

4. 눈앞의 결과에만 집착하여 상대방에게 초조함과 불안감을 주지 말라. 이런 모습으로는 좋은 인간관계를 맺을 수 없다.

5. 상대방이 고심하고 있다면 그 고민을 들어주고 해결책을 제시해주라. 물론 잘 모르면서 섣불리 해결책을 제시해서는 안 된다.

6. 많은 말을 하기보다는 많이 들어라. 사람은 누구든지 자신의 말을 들어주는 사람을 좋아한다.

TIP

타인의 호감을 사는 6가지 방법

1. 인간에 대한 따뜻하고 성실한 마인드로 상대에게 관심을 기울여라.

2. 상대의 이름을 소중하게 기억하라.

3. 말하기보다 듣기에 더 치중하라.

4. 진심을 다해 상대를 칭찬하라.

5. 마음에서 우러나오는 미소로 상대를 대하라.

6. 이심전심으로 상대의 관심 영역을 간파하라.

Chapter 8

리더십으로 리드하라

레오나르도 다빈치는
위대한 작품을 홀로 만들기보다
제자들과 공동 작업을 하면서
상호 배움의 기회를 마련했다.
이는 우리의 일에서도 다르지 않다.
여러 사람이 함께 모여 의견을 나눈다면
문제 해결을 좀 더 쉽게 할 수 있다.

01

왜
리더십 향상이 필요한가?

한 원로가 마을에서 가장 뛰어난 두 사람에게 자기 동네에 기념비적인 건물을 하나씩 만들라고 했다. 두 사람은 즉시 작업에 들어갔다. 한 사람은 동네 사람들에게 건축 자재, 도구 들을 가져오라고 했다. 그러고는 기초 작업을 하라고 명했다. 그에게 동원된 사람들은 자신이 무슨 일을 하는지 알지 못했다. 그는 일에 대해 제대로 설명하지 않은 채 명령만 내렸다. 처음에는 일사불란하게 일이 되어가는 것 같았으나 이내 일이 지지부진해졌다.

두 번째 인물은 첫 번째 사람과는 다른 방법을 구사했다. 그는 사람들을 모아놓고 자신이 추구하는 마을의 이상을 밝혔다. 그러고는 그 건축물이 왜 동네에 필요한지, 건물이 생겼을 때 동네에 어떤 변화가 생기는지, 사람들에게 어떤 이익이 발생하는지를 조목조목 설명했다. 즉, 먼저 비전을 제시한 것이다. 처음에는 아무 진척이 없는 듯 보였다. 다른 사람은 벌써 많이 진행되었으나 이 사람은 여전히 마을 사람들에게 설명을 하고 있었다. 그러나 일에 착수한 이후에는 점점 빠르게 일을 처리해나갔다. 얼마 지나지 않아 첫 번째 사람보다 먼저 건축물을 완성시켰다.

'만일 당신이 배를 만들고 싶다면 사람들을 불러 모아 목재를 가져 오게 하고 일을 지시하고 일감을 나눠주는 등의 일을 하지 말라. 대신 그들에게 저 넓고 끝없는 바다에 대한 동경심을 심어줘라.'

『어린왕자』의 저자 생텍쥐페리의 말이다.

성공은 혼자 힘으로 이룰 수 없다. 성공하는 삶을 살려면 남을 이끌 수 있는 힘을 가져야 한다.

지도력이 부족한 사람이 리더 자리에 오르면, 그 자리는 당사자에게도 가시방석일 것이다. 당연히 그 밑에 있는 사람들 또한 리더를 조직 발전에 방해되는 존재로 여길 것이다. 리더가 되려면 매순간 차곡차곡 준비를 해야 한다. 리더는 하루아침에 만들어지는 존재가 아니다.

리더십을 익혀라. 오늘날의 사회는 개인 혼자서 모든 일을 할 수 없을 정도로 복잡화, 전문화되었다. 타인과 협업 시 그의 능력을 자발적으로 발휘할 수 있게 할 때, 좋은 결과를 기대할 수 있다.

리더십의
10가지 방법

1. 비전을 제시하고 실행시켜라

리더는 비전을 제시하고 그것을 실행시켜야 한다. 리더는 조직이 현재 직면해 있는 문제와 해결 방법 그리고 도전해야 하는 과제, 조직의 미래 비전을 정확하게 제시할 수 있어야 한다.

2. 동기를 유발하는 목표를 설정하라

리더는 동기를 유발할 목표 설정을 해야 한다. 리더는 비전 달성에 필요한 목표 설정과 이를 수행할 실제적인 조치를 끌고 갈 수 있어야 한다.

3. 구성원들 간의 신뢰를 구축하라

리더는 구성원들 간의 신뢰를 구축해야 한다. 또한 자신을 믿고 따르는 사람들에게 '원하는 것은 무엇이든지 될 수 있다'는 확신을 심어줘야 한다.

4. 효율적인 팀을 구성하라

리더는 올바른 팀을 구성할 수 있어야 한다. 리더는 각 팀의 개성과 소질에 의해 창출되는 효과를 최대한 활용하면서 관리할 줄 알아야 한다.

5. 의사결정 권한을 부여하라

구성원들에게 문제 해결을 위한 의사결정 권한을 일부 부여해야 한다. 리더는 중요한 문제를 선별하여 그에 대한 조치를 수행하며, 반대로 중요하지 않은 문제를 신경 쓰지 않음으로써 조직 내 영향력을 행사한다.

6. 책임과 권한 위임을 하라

리더는 조직원들에게 책임과 권한을 위임할 수 있어야 한다. 유능한 리더는 책임 권한을 위임하고, 업무를 효율적으로 세분화하여 서로의 갈등을 해소함으로써 일의 효율성을 극대화한다.

7. 성과를 인정하게 만들어라

리더는 합당한 인센티브 제공을 통해 성과를 인정하게 만들어야 한다. 리더는 조직의 가치를 증대시켜 성과를 이루어낸 구성원 및 팀을 칭찬하고 그에 걸맞은 보상을 그들에게 제공해야 한다.

8. 부족한 부분을 신속하게 보충하라

리더는 조직의 부족한 부분을 신속하게 지원할 줄 알아야 한다. 리더는 필요시 조직 자원의 일부를 구성원의 업무 활동을 지원하는 데 주저하지 말아야 한다.

9. 정보 흐름을 모니터링하라

리더는 효과적인 정보 채널 구성은 물론 모니터링도 해야 한다. 조직의 나아갈 방향 및 성과에 맞는 정보 채널을 설계 및 관리해야 하며, 이러한 채널을 통해 정보가 이동할 수 있도록 유도해야 한다.

10. 조직원들에게 용기를 주어라

리더는 스승이자 조언자로서의 역할도 수행해야 한다. 유능한 리더는 조직의 모든 구성원에게 저마다 경력관리에 필요한 개인 기술을 연마하도록 이끌어줘야 한다.

 리더십은 개개인의 사고와 행동을 조화시켜 더 나은 결과를 이끌어내는 능력을 말한다. 리더십은 다른 사람들이 인정할 때 비로소 강력한 힘을 발휘한다.

03

리더십을 실천하기 위한
24가지 방법

1. 리더로서의 능력을 높여야 한다

① 리더로서 일과 조직에 대한 사명감, 원리원칙대로 일을 처리
하는 정의감, 조직에 대한 성취감, 위기 대응력 등을 키우는 데
매 순간 노력해야 한다.

② 리더로서 정보력, 설득력, 실천력, 포용력, 인내력, 통찰력의
향상을 위해 노력해야 한다.

2. 책임감을 지녀야 한다

① 리더가 되어 성공하는 삶을 살려면 남을 이끄는 힘을 지닌 사
람이 되어야 한다.

② 먼저 공과 사를 구별할 줄 아는 사람이 되어야 하고, 조직 안에
서 발생하는 어떤 일에 대해서든 리더로서 책임감을 갖는 자세

를 갖추어야 한다.

3. 주변 사람들에게 신임을 얻어야 한다
① 주변 사람들에게 덕망을 얻지 못하면 성공할 수 없다. 덕망에
   는 사람을 끌어당기는 매력이 있다.
② 리더가 되고 싶다면 덕망을 바탕으로 주변 사람들에게 신임을
   얻어야 한다.

4. 아랫사람을 존중해야 한다
① 리더는 남과 나눌 줄 아는 사람이 되어야 한다.
② 자신이 인정받으려면 결국 아랫사람이 인정받아야 한다는 것
   을 인식해야 한다.

5. 판단을 내리고 강하게 추진해야 한다
① 리더는 주어진 상황을 정확히 판단해야 한다.
② 판단을 내린 후에는 강력하게 일을 추진해야 한다.

6. 적절한 시점에 변화를 도모해야 한다
① 리더는 항상 변화를 도모해야 한다. 변화는 경쟁 시대에서 살
   아남는 제일의 생존 키워드다.
② 스스로 변화해야 한다는 것이 얼마나 중요한지 알았음에도 불
   구하고 변화를 꺼리는 것은 인지상정이다. 그러나 어느 누구도

변화의 물결을 피하고서는 성공할 수 없다.

7. 현실을 직시하고, 회피하지 말아야 한다

① 무한경쟁의 시대에서 승리하려면 경쟁 상대의 능력을 정확히 파악하고 그에 따라 적절한 방식으로 대응할 줄 알아야 한다.

② 리더로서 자신이 처한 현실을 외면하면 반드시 패한다.

8. 언제라도 실행 계획서를 고쳐 쓸 수 있어야 한다

① 리더일지라도 자신의 계획에 오류 사항이 발견된다면 주저하지 말고 그 계획을 수정 혹은 폐기해야 한다.

② 과거에 잘나갔다고 해서 과거에 집착하지 말라. 열린 마음으로 변화를 수용할 때 발전이 있다.

9. 불필요한 간섭을 줄여야 한다

① 리더는 과도한 관리보다는 적절한 관리로 조직을 이끌어야 한다. 그렇게 할 때 조직의 경쟁력을 높일 수 있다.

② 불필요한 간섭이나 형식적인 절차를 줄일 때, 일의 효율성 제고는 물론 기업의 성과를 기대할 수 있다.

10. 사업의 흐름을 읽어야 한다

① 리더라면 자신이 관여하는 사업 전체를 폭 넓게 보고 주의 깊게 관찰해야 한다.

② 리더는 일의 흐름을 통해 개선 사항이 무엇인지, 무엇을 육성할 것인지, 무엇을 버려야 하는지를 신속히 결정해야 한다.

11. 현실을 직시해야 한다

① 리더는 현실을 직시한 다음 그에 따라 단호한 조치를 신속하게 취해야 한다. 그저 나아지겠거니 하는 안일한 자세로 현실을 오판하면 상상을 초월하는 위기에 직면할 것이다.

② 리더의 치명적 실수는 눈앞의 현실을 그대로 직시하지 않는 것이다. 현실이라는 거울을 똑바로 직시하고 그에 걸맞은 조치를 취하지 않으면 자신은 물론 조직까지 한순간에 무너질 수 있다.

12. 여러 상황을 가정해야 한다

① 한 가지 집중적인 아이디어만 집착하지 말라. 비즈니스전략으로 몇 가지 가능성이 분명한 전반적인 목표를 설정하라.

② 전략은 상세한 행동 계획이 아니다. 그것은 끊임없이 변화하는 환경을 통해 아이디어가 진화되어 도출된 것이다.

13. 최고가 되도록 해야 한다

① 제품과 서비스 분야에서 보통 수준의 업체가 들어설 여지는 별로 없다. 저성장의 환경에서도 성장 가능성이 있는 사업을 찾아내어 거기에 참여하고, 참여하는 모든 사업에서 최고가 되고자 노력해야 한다.

② 유연하고 저렴한 가격으로 최상의 제품과 서비스를 제공하는 업체, 틈새시장에서 뚜렷한 기술적 우위를 지닌 기업들만이 승리할 수 있다.

14. 조치가 필요할 때는 과감히 실행해야 한다

① 너무 늦기 전에 조직 규모를 줄여라. 리더는 때때로 가혹하기 이를 데 없는 일단의 조치를 감행할 수 있어야 한다.

② 스스로 비난의 표적이 되는 것을 두려워해서는 진정한 리더가 될 수 없다.

15. 빠른 결정을 내려야 한다

① 개혁과 변화에는 성역이 없다. 관여하고 있는 사업을 정확하고 엄격한 눈으로 관찰하라. 회사의 경비 절감을 위해 필요하다고 생각되는 방법을 결정하고, 실행에 옮기는 작업을 두려워하지 말라.

② 일에서 내린 결정이 아무리 괴로울지라도 감정적으로 빠져들지 말라. 두려워하지 말라. 과감한 결정은 빨리 하면 할수록 사업에는 더 이득이다.

16. 선택을 잘해야 한다

① 유망한 시장을 찾을 때 가능한 한 경쟁을 피할 수 있는 분야를 선택하라.

② 경쟁이 불가피하다면 반드시 승자가 될 수 있도록 강점을 부각하여 밀고 나아가라.

17. 우호적인 그룹을 만들어야 한다

① 새로운 기업문화를 만들어 그것을 전파하라. 경영철학 설정 작업은 변화와 혁신만으로는 부족하다.
② 무엇보다 리더의 아이디어에 귀 기울여줄 우호적인 청중을 확보하라.

18. 터전을 마련해야 한다

① 리더가 반드시 해야 할 일은 성장할 수 있는 자원을 마련해주고 성장을 위한 교육 수단을 유용하게 활용할 수 있게 바탕을 다져주는 것이다. 구성원들의 미래 지평을 확대시킬 분위기를 제공하고, 능력에 따른 승진 기회 등을 마련해주어야 한다.
② 열린 작업 환경이 구축되면 조직원들은 리더와 더불어 기업의 비전 실행에 동참하게 마련이다.

19. 책임을 지는 분위기를 만들어야 한다

① 조직 계층을 줄이고 군살을 제거하라. 의사소통 단계를 간략화하면 일의 진행을 좀 더 효율적으로 흘러가게 할 수 있다.
② 각 부문의 조직에서 스스로 책임을 지는 분위기를 확립시켜야한다.

20. 비전을 제시해야 한다

① 리더로서 비전을 제시하고, 구성원들이 조직의 비전을 자기 것으로 추진하게 만들어야 한다.

② 비전을 통해 가능한 한 많은 구성원에게 미래를 개척할 용기, 도전의식을 심어주어야 한다.

21. 때로는 작은 조직처럼 움직이게 해야 한다

① 작은 조직처럼 의사소통을 원활하게 한다.

② 작은 조직은 더 빨리 움직인다. 그들은 시장에서 주저했을 때의 대가가 무엇인지를 잘 알고 있다.

③ 작은 조직은 아주 분명하게 회사 경영의 청사진을 제시하고, 업무 성과를 모든 사람에게 선명히 드러낸다.

④ 작은 조직은 시간을 절약한다. 그들은 끊임없는 재검토, 승인, 정책 결정, 서류 작성의 혼선 등으로 시간을 낭비하지 않는다.

22. 도약을 목표로 삼아야 한다

① 도약을 이끌어내지 못하는 조직은 결국 도태되고 만다. 리더는 도약을 목표로 하고 그 도약을 실천할 수 있어야 한다.

② 조직의 도약은 리더 혼자만이 이루어낼 수 있는 일이 아니다. 그러므로 구성원들이 도약할 수 있도록 독려해야 한다.

23. 반대 의견을 딛고 실행해야 한다

① 저항이 얼마나 큰가는 문제되지 않는다. 리더가 목표를 실행하는 데에서 반대 의견과의 충돌은 불가피하다.

② 반대 의견을 설득력으로 정면 돌파하며 실행할 것은 과감히 실행해야 한다.

24. 신속성을 고수해야 한다

① 더 빠르게 하라. 신속성은 경쟁의 시대에서 반드시 필요한 것이다. 신속성은 사업 성패를 가르는 중요 요소임을 명심하라.

② 신속성은 분위기를 고양시키고 일에 힘을 준다. 관료주의의 폐단을 몰아내고 시장 개척을 가로막는 장애물을 걷어내면서 적절한 아이디어를 준다.

 긍정적 사고방식, 통찰력, 상상력, 조화력, 결단력 등 조직에 필요한 리더십은 결국 철저한 자기계발을 통해 만들어지고 완성된다.

TIP

1. 리더는, 빠른 시간 안에 부하에게 군인으로서 함양해야 할 최고의 가치관에 대한 책임을 명시하라. 리더는 이 가치관을 지키고 부하에게도 이를 지키도록 하라.

2. 리더는, 부하에 대한 기대를 분명히 하고 달성 가능한 기준을 설정하는 것이 부하에 대한 신뢰의 표시임을 자각하라. 리더는 부하가 어떻게 하면 이런 기대에 부응할 수 있는가에 도움을 주고, 성과를 피드백하고, 최종적으로 부하에게 책임을 가지고 실행하도록 만들어라.

3. 리더는, 부하의 존경과 신뢰를 바탕으로 부하의 마음속에 자기 일을 성공시키고 싶어 하는 의욕을 키우게 만들라. 일관되게 사람들을 공정히 다루고, 자기 개인의 행동에 대한 높은 규범을 엄수함으로써 신뢰를 얻어라.

4. 리더는, 부하의 욕구를 충족시키고 부하가 사명 달성에 크게 공헌할 수 있도록 하라.

5. 리더는, 먼저 솔선해서 자유로운 상호 커뮤니케이션을 촉진시켜라.

6. 리더는, 부하에게 일에 대한 이론적 근거를 주고, 그런 다음에 이론적 근거 없이도 일을 명령할 수 있을 만한 신뢰관계를 구축하라.

7. 리더는 부하의 자부심을 고무시켜라. 이를 위해 적극적인 피드백을 하고, 부하가 성공하지 못할 만한 상황을 배제하고, 부하의 품격을 떨어뜨리게 하는 일은 거부하고, 부하가 현실적으로 의미 있는 목표를 설정하는 데 도움을 주라.

8. 리더는 단순한 맹종 이상의 것을 부하에게 요구하고, 임무 달성을 촉진하기 위해 부하의 지식·결단력·기능 이해력·판단력을 끌어내라.

9. 리더는 부하의 희생을 통해 특권과 만족감을 얻으려 해서는 안 되며 부하와 함께 고통을 감수하라.

10. 리더는 부하의 실수를 용인하고 부하로 하여금 경험을 통해 배울 기회를 주어라.

11. 리더는 사람들 앞에서 부하를 칭찬하고, 사람들 눈을 피해 잘못을 지적하라.

12. 리더는 필요한 때에 벌을 주라. 다만, 벌을 줄 때에는 신속하게 하라. 그리고 그 방법이며 정도가 부하의 실패의 정도를 적당하게 하라. 장래 부하가 똑같은 과오를 저지르지 않도록 하기 위해서라는 의도를 담아 벌을 가하라.

13. 리더와 부하는 서로 상대의 가치관과 인간으로서의 존엄성에 경의를 표하고 그 마음가짐을 행동으로 나타내라.

14. 부하는 리더의 결정을 성공시키도록 노력하라. 결정이 내려지기 전에는 성의 있는 조언을 하고, 결정이 내려진 다음에는 그것을 지지하고 전력투구하라.

15. 부하는 리더가 때로는 이상과 같은 원칙을 따르지 않는다 해도 협력을 아끼지 말라.

Chapter 9

자신을
혁신하라

'할 수 있다', '하고야 만다', '될 수 있다'는
자기암시를 통해
힘들고 어려운 상황이 닥칠지라도
이겨낼 수 있는 마음가짐을 가져라.

01

<u>스스로 변할 때</u>
세상도 변한다

어느 날, 목마른 한 사람이 캐나다 쪽 나이아가라 폭포에서 물을 마셨다. 물을 마신 그는 곧 '독(Poison)'이라고 쓴 경고판을 보았다. 그것을 본 순간 그는 갑자기 배가 아프기 시작했다. 그는 급히 병원에 달려가 자신의 상황을 설명했다. 그의 말은 들은 의사는 크게 웃었다.

"'Poison'이라는 말은 영어로 독이지만, 프랑스어로는 '낚시 금지'라는 뜻을 가지고 있습니다."

이 말을 듣는 순간 배의 통증이 순식간에 사라졌다. 결코 나이아가라 폭포의 물이 변한 것은 아니다. 똑같은 물이었지만 그것을 독이라고 생각했기 때문에 그는 배가 아팠던 것이다.

자신의 삶을 위해서는 자신이 변해야 한다. 그런데 우리 주변에는 자신의 삶을 위해 타인을 변화시키려는 사람들이 꽤 많다. 자신의 잘

못, 편견, 오해, 무지 등을 고치려 하기보다는 남의 잘못, 편견, 오해, 무지 등에 대하여 핏대를 세우는 것이다. 그것은 자신의 삶을 위해 남들에게 대놓고 희생을 강요하는 짓이다.

무엇이 삶을 변화시키고 행복하게 하는가? 우리는 먼저 자신의 생각이 삶을 변화시키는 데 많은 영향을 준다는 사실을 인식해야 한다. 그것은 자신의 마음과 생각을 바꾸면 자신의 삶이 변하고 세상이 변한다는 사실을 깨닫는 것이다. 자신의 삶을 위해 남을 탓하거나 남의 생각을 억지로 변화시키려고 하는 것은 부질없는 짓이다. 남이 변한다고 하여 자신의 삶이 변하는 것은 아니다. 스스로 변하지 않는 한, 이미 갖고 있는 것 말고는 아무것도 얻을 수 없다. 스스로 변할 때 세상도 변하는 법이다.

무엇이 삶을 변화시키고 행복하게 하는가? 먼저 자신의 생각이 삶을 변화시키는 데 많은 영향을 준다는 사실을 인식해야 한다.

변화를 위한
12가지 방법

1. 두려움을 없애라

두려움에 맞서 이겨내야 한다. 두려움은 피하려고 하면 할수록 더 가까이 쫓아와 괴롭힌다. 아무리 작은 두려움이라도 극복해내면 인생을 살아가는 데 큰 자신감을 얻을 수 있다. 두려움을 피하려는 것보다 더 경계해야 할 것은 두려움이 없다고 자신을 왜곡하는 일이다.

2. 변화를 예측하라

모든 상황은 하루가 멀다 하고 수시로 바뀐다. 변화에 적응하지 못하면 자연히 도태될 수밖에 없다. 다가올 상황에 적절히 대처할 방안을 강구해야 한다. 그 방안이란 현재를 직시하여 미래를 예측하는 안목을 키우는 것이다.

3. 원인을 찾아라

모든 결과에는 원인이 있게 마련이다. 원인 규명과 개선 없이는 같은 결과가 되풀이될 수밖에 없다. 시간이 들더라도 원인을 정확히 찾아내어 거듭되는 패착을 끊어내야 한다.

4. 자신을 개혁하라

자신이 변화되기를 거부하면서 다른 사람들의 변화를 꿈꾸지 말라. 자신은 그대로 있는데 다른 사람들이 변화하였다면, 자신은 그만큼 과거를 살고 있는 것이다. 그런 진부한 사고를 가지고는 다른 사람들의 의견을 수렴할 수 없다. 그런 모습으로 있는 한 다른 사람들의 수긍을 절대로 이끌어낼 수 없다.

5. 충분히 검토하라

지나간 일은 되돌릴 수 없다. 일을 추진하기 전에 충분히 검토하고 다양한 시뮬레이션을 통해 결과를 미리 예측하라. 결정은 신중하게 내리되, 내려진 결정은 과감히 실행해야 한다.

6. 하고 있는 일에 최선을 다하라

하고 있는 일에 확신을 가지고 모든 역량을 투입하라. 실패한 사람은 실패하고 나서야 어느 한 부분에서 최선을 다하지 못했음을 후회한다. 그런 후회를 하지 않으려면 현재에 최선을 다해야 한다. 최선을 다했으면 후회도 없다.

7. 꿈을 가져라

자기창조, 자기계발을 위해 먼저 꿈을 가져라. 꿈 없이는 계획도 실천도 무의미하다. 원대한 꿈보다는 실현 가능한 꿈을 가져라. 실현 가능한 꿈을 이룰 때 그 성취감이 더 큰 꿈을 불러온다. 그러나 성취욕에 사로잡혀 너무 작은 꿈만을 목표로 삼는 일은 경계해야 한다.

8. 휴식의 시간을 가져라

꿈을 위해 최선을 다하기만 하다 보면 어느새 방전되어 게을러지고 나약해지게 마련이다. 따라서 피로를 풀고 새로운 마음으로 일에 임할 수 있도록 휴식의 시간을 그때그때 반드시 가져야 한다.

9. 꾸준히 자기암시를 하라

'할 수 있다', '하고야 만다', '될 수 있다'는 자기암시를 통해 힘들고 어려운 상황이 닥칠지라도 이겨내리라는 마음가짐을 가져야 한다.

10. 조언자를 구하라

독단과 아집은 일을 그르치는 가장 큰 요인이다. 혼자 모든 일을 처리하려 들지 말라. 많은 사람의 의견을 받아들이고, 자신의 잘못을 인정하여 수정하면 더 좋은 결과를 얻을 수 있다.

11. 유언을 준비하라

유언장을 써 간직하라. 삶을 진지하게 사는 사람은 죽음을 두려워하지 않는다. 그런 삶을 살 수 있도록 하루하루 최선을 다해 노력해야 한다.

12. 부정적인 사람을 멀리하라

삶과 업무, 사람을 떠나서는 아무것도 할 수 없다. 그러나 교류하고 있는 사람의 사고방식은 자신에게도 영향을 미치게 마련이다. 따라서 부정적인 사람을 멀리하고 긍정적인 사람을 가까이해야 한다.

 자신은 변하지 않으면서 자기 요구에 따라 남들이 변화하기를 원한다. 그러나 자신이 변하지 않는 한 그 어떤 것도 변하지 않음을 명심해야 한다.

변화를 위한
14가지 실천법

1. 전략과 전술을 세운다

① 변화에 대한 명확한 방향을 세우고 전략을 수립하라. 그리고 전략에 맞는 전술을 운용하라.

② 목표를 세우고 항상 현재에 충실하면서 이를 바탕으로 미래를 예측하여 전략에 맞는 전술을 실행하라.

2. 정보를 수집하고 분석한다

① 신문, 방송, 인터넷 등 다양한 경로를 통해 정보를 수집한다.

② 이를 정리하고 분석하여 활용한다. 이를 통해 발전하는 삶을 스스로 만들어 나아간다.

3. 성격을 개선한다

① 자신의 부정적 성격을 개선하여 긍정적인 사람으로 거듭나야 한다.

② 부정적 성격은 변화와 발전을 이루는 데 치명적이므로 방치해서는 안 된다.

4. 다양한 인맥과 깊은 지식이 변화를 가져온다

① 삶에 변화를 가져오려면 인맥을 넓고 깊게 맺어야 한다.

② 다양한 사람과 만나고 그들과의 정보 공유를 통해 지식의 폭을 넓혀야 한다.

5. 반성을 토대로 내일의 계획을 세운다

① 오늘이라는 시간을 어떻게 사용하는가에 따라 내일은 달라진다. 최선을 다하여 오늘을 살고 반성하라.

② 최선을 다하고 반성하는 과정을 통해 내일을 계획할 수 있어야 한다.

6. 유연한 사고를 지닌다

① 고정관념으로 세상과 사물을 바라볼 때 새로운 것을 끄집어내기란 어렵다. 따라서 자기 자신을 스스로 가두는 고정관념에서 탈출하라.

② 고정관념을 버리고 유연한 사고를 지닐 때 세상과 사물들의 새

로운 면을 발견할 수 있고, 이를 통해 진정으로 발전할 수 있다.

7. 질문하는 것을 두려워하지 말아야 한다

① 모르는 것에 대하여 질문하지 않는다면 영원히 알 수 없다.

② 새로운 것을 배우는 데에서 질문하는 것을 두려워하는 습관이 있다면 반드시 고쳐라. 질문의 발전의 원동력이다.

8. 자신을 냉철하게 평가해야 한다

① 냉정하고 객관적으로 자신을 들여다보고, 자신의 단점을 고치는 데 노력을 기울여야 한다.

② 자기 개선의 노력은 가장 확실한 자기 변화를 이끌어낸다.

9. 스스로를 강하게 만들어야 한다

① 이루어야 할 목표를 정했다면 어떤 고난과 시련 앞에서도 좌절하지 않고 목표를 향해 전진해야 한다. 이런 자세가 발전하는 삶을 가능케 한다.

② 일을 처리할 때 위축되거나 눈치를 보지 말아야 한다. 일을 소신 있게 처리하지 못한다면 더 이상의 발전은 없다.

10. 생각과 시야를 넓혀야 한다

① 다른 것들을 제대로 보지 못하게 하는 자기 독단과 아집을 과감히 버려야 한다.

② 시야를 넓힐 때 삶은 발전한다.

11. 많은 것을 알기 위해 노력을 기울여야 한다

① 독서를 통해 지식의 깊이를 더하고, 모르는 것에 대해서는 새로운 앎을 확장해야 한다.

② 호기심을 가지고 세상과 사람들에 대해 알려고 노력할 때 삶은 변화하기 시작한다.

12. 부정적인 사고방식을 버려야 한다

① 부정적인 사고방식은 나쁜 결과를 가져오는 출발점이다.

② 긍정적인 사고를 바탕으로 생각하고 행동할 때, 발전을 기대할 수 있다.

13. 적극적으로 삶을 개척해야 한다

① 자신의 소질과 장점을 발견하고 자신이 좋아하는 분야에서 최선을 다할 때 삶은 발전한다.

② 계획을 세워야 한다. 목적 없이 항해하는 배는 결국 난파당하게 마련이다. 삶을 망망대해에서 표류하게 해서는 안 된다. 자신의 삶을 확실히 발전시키고 싶다면 이루어야 할 목표를 설정하고 그 목표를 이루기 위해 실질적 노력을 기울여야 한다.

14. 필요 없다면 과감하게 버린다

① 자신에게 필요한 것인지 불필요한 것인지 구분해야 한다.

② 자신에게 불필요한 것들은 제거하여 시간 소비를 줄여라. 주어
  진 시간을 제대로 활용할 때 발전할 수 있다.

 변화는 주변 조건이나 환경보다는 자기 의지와 노력에 의해 이루어진다. 아무리
환경이 열악할지라도 발전하려는 의지와 노력만 있다면 그 원하는 바를 충분히 이
룰 수 있다.

나를 변화시키는 8가지 기술

1. 자신을 변화시키고자 한다면 해보기도 전에 못하겠다는 마음부터 버려라.

2. 손해를 보더라도 이익을 얻었다는 발상의 전환을 가져라. 당장 손해일지라도 장기적으로는 이익이 된다.

3. 내성적인 성격이라고 실망하지 말라. 성공한 대기만성의 스타일 인물들 중에는 의외로 내성적인 성격이 많다.

4. 경쟁 상대를 만들어라. 경쟁 상대를 추동력 삼아 비약하라.

5. 현상 타파에 필요한 '헝그리 정신'을 가져라.

6. 지금 가지고 있는 능력은 아직 반(半)사람 몫이라는 것을 깨달아라.

7. 인생이라는 무대에서 주역이 되어라.

8. 소극적 성격을 극복하라.

Chapter 10

개인 브랜드를 걸어라

나만의 브랜드를 세워라.
지금은, 자기 브랜드를 만들지 못하는 사람들은
점점 퇴보할 수밖에 없는 시대이다.

지금은
개인 브랜드의 시대다

오늘날은 전문가의 시대이다. 그렇기에 갈수록 전문가만 살아남을 수 있을 것이다.

전문가란 자신의 분야에 대한 해박한 지식과 노하우를 가지고 있는 사람을 말한다. 하지만 이것으로만 전문가의 시대에서 생존할 수 있을까? 결론적으로 말해 이것이 전부가 아니다. 지식과 노하우를 가지고 있어도 남이 알아주지 않는다면 소용이 없다. 지식과 노하우를 갖추는 것은 물론 자신만의 개인 브랜드 자산을 확보해야 한다.

개인 브랜드의 자산, 즉 자신의 독특한 지식과 노하우, 자신을 마케팅할 수 있는 힘은 무한경쟁의 시장에서 생존을 가능케 한다. 많은 사람이 인식하고 있지만 브랜드는 이제 기업만 필요한 것이 아니다. 개인에게도 자신을 상품화하는 브랜드의 중요성은 생존을 위한 필수 요소가 되었다.

개인이라도 자신의 브랜드를 만들지 못하고 마케팅하지 못하면 점점 퇴보할 수밖에 없는 시대, 요컨대 지금은 개인 브랜드의 시대다. 무한경쟁의 시대에서 브랜드화한 사람만이 살아남을 수 있다.

생존하고 성공하고자 한다면 자신만의 브랜드 파워를 갖춰라. 지금이라도 브랜드 파워를 형성하기 위해 노력하라. 그리고 자기 상품화전략을 위해 체계적으로 투자하라.

 개인 브랜드는 단순히 전문가가 되어야 함을 뜻하는 게 아니다. 자신의 능력을 명확히 인식하고, 이를 토대로 자신을 혁신하여 상품화하고, 또 이를 세상에 확실히 알리는 적극적 개인이 되어야 한다.

개인 브랜드를 구축하는
12가지 방법

1. 개인 브랜드를 만든다

직장인이라도 자신의 이름을 브랜드로 만들 필요가 있다. 이제 성공하는 직장인에게 개인 브랜드는 필수 사항이다. 개인 브랜드는 자신의 이름과 능력을 다른 사람들에게 분명한 이미지로 전달할 수 있을 때 힘을 발휘하기 시작한다. 자신의 개인 브랜드를 만들기 위해서는 자신의 능력을 정확하게 알고 이를 바탕으로 남과 비교하여 경쟁력이 될 만한 자신만의 것을 발굴해야 한다. 또한 개인 브랜드를 만드는 것에 그치는 것이 아니라 그 브랜드에 맞는 경험을 쌓아야 하고 자신의 개인 브랜드를 적극적으로 홍보해야 한다.

2. 개인 브랜드의 가치를 높인다

개인 브랜드를 잘 구축하여 가치 있게 만들면 이제 브랜드 파워가 생겨난다. 그러면 다른 사람들의 신뢰가 쌓이고 그러면서 가치가 상승한다. 똑같은 말을 해도 사회적으로 알려진 전문가가 한마디하는 것과 잘 알려지지 않은 무명의 사람이 말하는 것과는 큰 차이가 있다. 이 차이가 바로 개인 브랜드의 가치에 따른 결과인 것이다. 가치를 높이고 싶다면 자신의 개인 브랜드의 수준을 높여야 한다.

3. 브랜드에 합당하게 일한다

자신이 만들고자 하는 브랜드를 자신의 이름과 연결시키기 위해서는 일을 통해 자신의 이름을 확실히 세상에 홍보하는 것이 중요하다. 일을 통해 현재 자신의 가치가 어느 정도인지 그리고 어디까지 향상시키고 싶은지에 대해 생각하고 이를 실현하기 위해 고민하라. 더 나은 미래를 살고 싶다면 개인 브랜드를 만드는 것에 더 많은 투자를 해야 한다.

4. 이력서를 작성한다

회사는 더 이상 직장인을 보호해주지 못한다. 무한경쟁의 시대에서 회사가 필요로 하는 인재는 회사 울타리에 기대어 개인의 무사안일만을 생각하는 사람이 아니다. 개인의 분야를 확실하게 확보하고 능력을 최대로 발휘하여 회사의 이익을 창출하는 구성원이다. 따라서 개인 브랜드를 구축하여 남들과는 차별화된 특별한 능력의 인재로 거듭나야 한다.

이제 자신의 삶을 개척해 나아가기 위해 해야 할 일이 무엇인지 생각해보자. 어떤 일을 하든지 자기 능력을 발휘하고 이를 알려 제대로 평가받도록 해야 한다. 그래야 선택받을 수 있다. 지금이라도 늦지 않았다. 스스로 이력서를 작성해보자. 이를 통해 자신의 현재 능력을 점검하고, 어떤 것을 보충해야 하는지를 파악하라. 이력서는 자신의 개인 브랜드를 만들기 위한 아주 중요한 핵심 자료가 된다.

5. 전문 분야를 확실하게 자기 것으로 만든다

잘할 수 있는 전문 분야를 확실하게 자신의 것으로 만든다면 어떤 위기가 닥치더라도 그것을 기회로 만들 수 있다. 외환위기와 경제 불황의 시기에도 자신의 가치를 높여 성공한 사람이 있는 반면, 실패하는 사람도 있었다. 위기에 흔들리지 않았던 사람들은 다른 사람들과 같은 일을 하더라도 차별화를 통해 자신의 가치를 높였던 이들이다. 그들은 개인 브랜드의 중요성을 인식하고 브랜드를 활용하여 개인의 가치를 극대화시켰다.

직장인들에게도 개인 브랜드의 전략은 이제 필수 과제이다. 개인 브랜드의 가치는 곧 그 사람의 가치가 되고 경쟁력이 된다. 자신의 브랜드를 제대로 만들지 못한다면 그 사람의 미래는 분명 힘들어질 것이다.

6. 개인 브랜드 구축을 위해 꾸준히 노력한다

개인 브랜드는 하루아침에 만들어지는 것이 아니다. 스스로 계획을 세워 꾸준하게 노력하고 실천해야 한다. 나만의 전문 능력, 제

2 외국어, 문화 콘텐츠, 예술 방면 등 모든 분야를 꾸준히 섭렵해 나아갈 때 점차적으로 개인 브랜드가 구축되고 그 가치가 향상되는 것이다.

7. 개인 브랜드를 홍보한다

좋은 상품이 있다고 해서 무조건 잘 팔리는 것은 아니다. 왜 좋은 상품인지 홍보를 해야 팔린다. 개인 브랜드도 마찬가지다. 홍보를 하지 않으면 자신의 가치를 다른 사람들이 알아주지 않는다. 인터넷을 적극적으로 활용하는 것도 효과적인 방법이 될 것이다. 정보를 공유한다는 마인드로 자신의 지식이나 정보를 알려주는 홈페이지를 만드는 것도 좋다. 자신의 독특한 지식과 정보를 구축한 만큼 자신이 이 분야에 제일의 전문가라는 것을 홍보해야 한다.

8. 자신의 노하우를 공개한다

특별한 전문가는 세상이 인정해줄 때 그 위치를 확보할 수 있다. 자신에게 독특한 정보와 지식이 있다면 공개하고 인정받아라. 그리고 공개한 것 이상으로 지식과 정보를 업그레이드하여 사람들에게 최고 중의 최고라는 찬사를 이끌어내라.

지금은 분명 꾸준히 능력을 개발하는 사람만이 정당한 대접을 받는 시대다. 도태될 것인가, 생존할 것인가, 성공할 것인가? 이 문제에 대한 답은 스스로 만들어가는 것이다.

9. 셀프 마케팅을 한다

아무리 좋은 상품이라도 알려지지 않는다면 팔리지 않는다. 자신의 개인 브랜드는 확실히 홍보해야 한다. 나의 고객은 누구인지, 그들에게 나 자신을 최고의 가치를 지닌 상품으로 잘 포장해서 팔아야 한다. 이제 나를 경쟁자와는 다른 차별화된 상품으로 멋지게 만들고, 그 개인 브랜드를 확실히 셀프 마케팅하여 팔아보자.

10. 고객을 만족시킨다

나라는 상품을 누구에게 팔 것인가? 나의 고객은 누구인가? 고객을 만족시킬 브랜드라면 개인 브랜드의 가치는 계속 상승할 것이다. 구입을 했다가 불평불만이 생긴다면 다시는 그 상품을 구입하지 않게 된다. 고객을 위해서가 아니라 자신을 위해서 고객을 만족시켜야 한다. 자신을 누구에게 팔 것인지, 어떤 경쟁력을 지녔는지 스스로 파악하고 진단하라. 매 순간 고객을 만족시킬 준비를 해야 하며 자신을 다른 경쟁자보다도 매력적인 상품으로 만들어야 한다.

11. 계획을 세워 집중적으로 관리한다

당연히 노력하지 않으면 좋은 결과를 얻을 수 없다. 개인 브랜드의 성공적 구축에는 뼈를 깎는 노력이 전제되어야 한다. 그 노력은 계획을 세워 집중적이고 지속적으로 해나가야 한다.

개인 브랜드 구축을 위해 무엇을 해야 하는가? 가치 있는 개인 브랜드를 만들기 위해 이제 목표를 세우고 실행 계획을 짜라. 계획은 구체적으로, 실천 가능하도록 현실적으로 짜야 한다.

12. 개인 브랜드를 지속적으로 업그레이드한다

경쟁력 있는 상품도 시간이 지나면 시장에서 도태되게 마련이다. 개인 브랜드도 마찬가지이다. 자신에게 경쟁력 있는 부분은 더욱 강화하고 부족한 점은 보충해야 한다. 끊임없이 세상 사람들에게 나의 가치를 어필해야 한다. 이를 위해 지속적으로 개인 브랜드를 업그레이드하라.

 성공한 사람들은 모두 자신만의 개인 브랜드를 확실히 구축했다. 이제 브랜드는 기업에만 국한된 영역의 것이 아니다. 지금은 개인에게도 브랜드가 요구되는 시대이다.

개인 브랜드를 실천하는
12가지 방법

1. 스스로 전문적인 힘을 기른다

① 자신이 가지고 있는 독특한 지식과 정보를 활용한다.

② 남과 차별화된 전문성을 발휘할 수 있는 분야를 선정하고 그 분야에 대해 강의할 수 있는 수준까지 자신을 끌어올린다.

2. 개인 브랜드를 지속적으로 만들어간다

① 개인 브랜드 구축 분야를 선정한다.

② 그 분야에 대하여 같이 공부하고 연구할 모임을 만든다.

③ 단순한 모임 이상으로 만들어 전문가 그룹을 형성한다.

④ 성과물을 창출한다. 보고서 혹은 한 권의 책으로 만들어 개인 브랜드의 가치를 높인다.

3. 살아남기 위해 홍보한다

① 마케팅 가능한 모든 방법을 연구하여 개인 브랜드를 홍보한다.

② 홍보 수단으로 홈페이지나 블로그를 운영한다.

③ 잘 알고 있는 분야에 대해 다른 사람들에게 강의를 한다.

④ 모임을 주도적으로 이끈다. 자신의 지식과 정보를 공유하는 것은 물론 타인의 지식과 정보도 흡수하여 더욱 발전시켜 나아간다.

4. 개인 브랜드 구축을 위해 자기계발을 한다

① 무조건 자기계발을 하는 것이 아니라 현재 상황에 맞게 해야 한다. 무작정 자기계발을 하면서 개인 브랜드 구축에 나선다면 자칫 시간과 돈의 낭비만 가져올 수도 있다.

② 개인 브랜드를 만들기 위한 전략 및 전술을 세우고 이를 효율적으로 이룰 방법을 연구한다. 그 중심에 자기계발이 있다.

5. 나만의 개인 브랜드를 창조한다

① 개인 브랜드 가치를 높이려면 기존 방식만 고집해서는 불가능하다. 좀 더 창의적인 방식이 필요하다. 기존의 것들과는 다른 노선, 새로운 노선을 가야 한다.

② 창의적인 브랜드를 개발하기 위해서는 남들과 다른 시각으로 보고, 듣고, 생각해야 한다.

6. 개인 브랜드를 갈고닦는다

① 일을 정해진 대로만 하지 않는다. 능률을 끌어올릴 수 있는 차별화된 방법으로 일을 한다.

② 일상에 지쳐 힘들더라도 남들과 비교될 수 있는 자신의 능력을 만들어나간다.

③ 자신만 할 수 있는 일을 만들어야 한다. 나만의 경쟁력은 여기에서 나온다.

④ 일을 할 때 일반적인 생각 이상으로 더 높게 목표를 설정한다. 그 목표를 이루기 위해 노력할 때 성공 가능성은 더 높아진다.

⑤ 일을 사랑한다, 이런 마인드로 임하다 보면 자신만의 개인 브랜드는 강력한 힘을 발휘할 것이다.

7. 나만의 방법을 개인 브랜드로 구축한다

① 기존 방법을 그대로 답습하는 것이 아니라 자신만이 이룰 수 있는 방법을 찾는다.

② 자신만의 독특한 방법은 차별성을 부각할 뿐만 아니라 일의 성과를 혁신적으로 이끌어낸다.

8. 자기만족 이상으로 타인을 만족시킨다

① 자기만족 이상으로 타인을 만족시켜야 한다. 그들은 고객이기 때문이다.

② 타인을 만족시키면 일에 동조하는 사람들이 생기게 마련이다.

동조자가 늘어날수록 개인 브랜드는 더욱 굳건해진다.

③ 성공에 초점을 맞추어라. 실패를 염두에 두고 일을 하는 것보다 성공에 초점을 맞추고 일할 때 성공 가능성은 한층 높아진다.

9. 생존 자원들을 관리한다

① 생존 자원들을 이용하여 일을 성취하라.

② 어떤 일을 하든 결과를 만들어내지 못하는 일은 하지 말아야한다. 결과가 나올 수 있도록 일을 추진하라. 실패라는 결과가나와도 그것은 자원을 낭비한 것이 아니다. 아무런 결과도 만들어내지 못하는 것, 그것이 가장 큰 자원의 낭비이다.

③ 많이 시도할수록 성공할 확률이 높아진다.

10. 매 순간 비전을 생생하게 상상한다

① 비전을 마음에 새기고, 그것이 이루어질 것임을 믿어라. 생생히 상상하며 노력하면 이루어지게 되어 있다.

② 자신의 비전을 자기 것으로만 하지 말고 다른 사람과 공유하라. 타인의 도움 없이 자신의 비전을 달성하기란 어렵다.

11. 모든 열정을 다한다

① 비전에 미치고, 그에 따라 미친 듯이 일해야 성공할 수 있다. 일에 미쳤을 때 다른 사람이 해내지 못한 일을 해낼 수 있다.

② 미친 듯이 일을 하더라도 타인의 도움을 수용하라. 그래야 비전을 확실히 이룰 수 있다.

12. 개인 브랜드가 구축되었다면 이제 적극적으로 판매한다

① 활용할 수 있는 모든 것을 이용하여 개인 브랜드 가치를 포장한다.

② 사람들의 입소문을 통해 개인 브랜드를 노출시킨다.

③ 멈추지 말고 홍보 영역을 계속 확장해 나아간다.

④ 외부로부터 평가받는 것을 두려워하지 말고, 과감히 소비자를 설득하고 개인 브랜드를 적극적으로 판매한다.

 이제 개인 브랜드화만이 살길이다. 평범한 시대는 지나갔다. 무한경쟁의 시대에서 나만의 개인 브랜드로 경쟁하고 승리하라.

TIP

1. 뚜렷한 삶의 목표를 세운다

대부분의 사람은 뚜렷한 목표 없이 살아간다. 목표는 어려움에 처하더라도 자신을 앞으로 나아가게 하고 끝내 그 일을 이루게 한다. 그러나 목표가 없다면 그 어떤 일도 이룰 수 없다.

2. 낙관적 삶의 자세를 갖는다

낙관은 모든 어려움, 고통 속에서도 삶을 살아가게 만드는 힘이 된다. 낙관적인 사람은 진실로 삶을 신나게 산다. 삶을 살아가면서 늘 낙관적으로 바라보고 긍정적 자세를 견지한다면 반드시 성공을 거머쥘 수 있다.

3. 성공의 원동력, 가정을 소중히 한다

가정은 삶의 안식처인 동시에 삶을 꾸려나가게 하는 근원이다. 또한 생의 의지로부터 주체적 삶을 유도하는 방향등이다. 가정은 무엇보다 성공에 이르도록 만드는 원동력이다.

4. 절약을 생활화한다

사람에게 희망이 없으면 절약도 없다. 절약하는 이유는 무엇인가? 미래를 위해서이다. 미래를 위해 절약하라. 절약하는 마음이 있어야 더 큰 희망을 품을 수 있다. 경제적 자립은 절약에서 출발한다.

5. 자기계발로 능력을 향상시킨다

성공하고 싶다면 성공 관련 워크숍에 참여하고, 관련 책을 읽고, 관련 분야에 과감하게 투자해야 한다. 아깝다고 생각하지 말라. 자기계발에 투자하는 것은 훗날 몇 배가 되어 되돌아온다.

6. '아침형 인간'이 된다

일찍 일어나지 않고 성공적인 삶을 살기란 쉽지 않다. 성공한 사람들의 평균 수면 시간은 네 시간 정도이다. 새벽의 한 시간은 평상시의 세 시간보다 더 효율적인데, 그만큼 새벽 시간은 두뇌를 활성화시킨다. 요컨대 새벽은 일찍 일어나는 자에게 건강과 성공을 가져다준다.

7. 시간관리를 체계적으로 한다

시간관리를 잘하는 사람만이 성공할 수 있다. 시간을 잘 관리하기 위해서는 메모 습관을 지녀야 한다. 메모 습관은 일을 잘 정리하고 짧은 시간에 효과적으로 처리하도록 도와준다. 매일 아침 하루 일정을 세심하게 점검하라. 낭비하는 시간을 줄일 수 있을 것이다. 또한 그날 저녁 실행한 하루 일과를 평가하고 분석하라. 반성으로부터 개선점을 찾을 수 있을 것이고, 실행한 것으로부터 성취감과 더불어 실천 의지를 더욱 불태울 수 있을 것이다.

8. 항상 경제 흐름을 주시한다

오늘의 경제 흐름을 주시하고 확실히 간파한다면 내일 자산을 더욱 크게 불릴 수 있다. 경제 흐름의 통찰은 자산 증식의 확실한 수단이 된다.

9. 매 순간 성공 훈련을 한다

어느 분야에서든 성공한 사람은 끊임없이 노력한다. 해보기도 전에 실패를 걱정하지 말고, 먼저 목표를 향해 노력하라. 노력한 만큼 반드시 보상을 받게 될 것이다. 노력한 만큼 얻는 것은 세상의 법칙이다. 행운은 노력한 뒤에 따르는 부속물에 불과하다.

10. 반드시 실천한다

성공 목표, 그에 따른 전략과 전술 등 모든 것을 마련했다고 해도 실천하지 않으면 무의미하다. 실천을 할 때 비로소 발전과 성공이 물리적으로 따라오는 법이다. 성공을 위한 제1의 법칙은 실천이다. 이는 수없이 강조해도 지나치지 않는 절대 왕도이다.

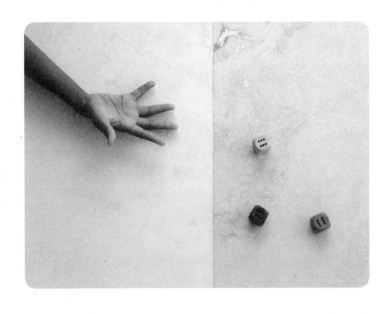

이 도서의 국립중앙도서관 출판예정도서목록(CIP)은 서지정보유통지원시스템 홈페이지
(http://seoji.nl.go.kr)와 국가자료공동목록시스템(http://www.nl.go.kr/kolisnet)에서 이용
하실 수 있습니다. (CIP제어번호 : CIP2014038412)

실천 십계명

1판 1쇄 인쇄 2015년 1월 2일
1판 1쇄 발행 2015년 1월 9일

엮은이 | 이병우
펴낸이 | 김재희
펴낸곳 | 화담출판사(출판등록 제 406-2013-000060호)
주　소 | 경기도 파주시 청암로 28
전　화 | 031-923-3549
팩　스 | 031-923-3358
메　일 | hwadambooks@hanmail.net
ISBN 978-89-87835-78-5 (03190)

ⓒ 화담출판사

화담출판사는 세상의 아름다움을 널리 알리는 그릇입니다.
그 아름다움을 함께할 작가를 모십니다.